TRAITÉ DU DROIT DE VOYRIE,

CONTENANT

UN RECUEIL DES EDITS,

Déclarations, Arrests & Reglemens qui ont attribué la connoissance de ce Droit aux Tresoriers de France Generaux des Finances.

Par GERARD MELLIER, Conseiller du Roy, Tresorier de France General des Finances, & Grand Voyer en la Province de Bretagne.

A PARIS,

Chez NICOLAS SIMART, Imprimeur & Libraire ordinaire de Monseigneur le Dauphin, ruë S. Jacques, au Dauphin couronné.

M. DCCIX.

Avec Approbation & Privilege.

A MONSEIGNEUR

MONSEIGNEUR

D'ARMENONVILLE

CONSEILLER D'ETAT.

ONSEIGNEUR,

Il n'est pas juste que je laisse échapper l'occasion qui se presente, de Vous assûrer de mon attachement, & de mes respects; & combien je seray sensible pendant le cours de ma vie à la protection dont

ā ij

EPISTRE.

il Vous a plû de m'honorer: tels font les motifs qui m'engagent à Vous adresser ce Livre. Je suis fort éloigné du dessein de me servir de ce pretexte pour exposer aux yeux du public les talens, les qualités éminentes qui Vous distinguent du commun des hommes, & dont l'estime d'un grand Roy, les sufrages des Grands ont été le prix. Cette entreprise surpasseroit mes forces; cependant il seroit difficile de m'abstenir de rappeller les idées d'un fond de douceur & de politesse, d'un air aisé, naturel, & facile; qualités si rares que Vous avés portées jusques dans l'employ le plus éminent. Vous l'avés rehaussé, MONSEI-GNEUR, par les plus nobles dispositions de l'esprit & du cœur, que le

cahos des affaires, en des temps diffi-
ciles, ne pût jamais obscurcir. On
ne pouvoit se lasser d'admirer une
bonté singuliere, une pénétration
vive & délicate, un accüeil char-
mant, soûtenu par la solidité de
vos décisions. Ces avantages si précieux, que Vous avés réünis, ont
donné lieu dans vos Audiances publiques de goûter chés un Ministre
les délices qui ont autrefois attiré
le cœur des peuples au Heros que
Pline a celebré. Ce qu'il y a de plus
admirable, c'est de voir que rien ne
peut ébranler les sentimens de force
& d'élevation, qui sont des principes du bonheur & du repos dont
Vous joüissés avec dignité; Vous
trouvés ces ressources en Vous-mê-
me, MONSEIGNEUR, elles répan-

EPISTRE.

dent sur l'état ou *Vous* êtes le caractere d'une veritable, & d'une so-
lide felicité, en *Vous* procurant le
souverain bien, qui est celui de vi-
vre content; tandis que les services
importans que *Vous* avés rendus,
& ceux que *Vous* pouvés rendre,
MONSEIGNEUR, *Vous* assûrent
cette glorieuse immortalité, qui
est une suite necessaire du merite
brillant, & de la vertu.

Je suis avec un tres-profond
respect,

MONSEIGNEUR,

Vôtre tres-humble & tres-
obéïssant serviteur,
MELLIER.

PREFACE.

’ATTRIBUTION qu'il avoit plû au Roy de Nous faire par l'Edit du mois de Decembre 1704. de la connoissance de la grande & petite Voyrie, m'avoit inspiré le dessein d'en composer un Traité.

Le mot de Voyrie, & ce qu'il signifie, étoit presque inconnu dans cette Province, où j'étois souvent obligé de representer les Edits & les Reglemens qui en expliquent les operations & la pratique.

Pour me délivrer de cet embaras, j'entrepris de recüeillir

les Edits d'établissement & les principaux Arrêts qui sont intervenus sur cette matiere, & d'y joindre quelques remarques, afin de satisfaire la curiosité de ceux à qui ce nouveau Droit étoit inconnu.

L'execution de ce dessein a produit un gros Volume Manuscrit que Messieurs les Officiers de plusieurs Bureaux des Finances m'ont pressé de livrer à l'impression ; mais le changement qui est arrivé à nos fonctions à cet égard, m'empêche d'accomplir ce projet dans toute son étenduë, je me suis contenté de rapporter au long dans ce Traité les principaux Edits & les Réglemens, & d'indiquer les autres par la datte & par un Extrait de leur disposition, en ajoûtant quelques Chapitres qui pourront servir à l'explication du Droit de Voyrie.

Voicy quelle eſt la ſource du changement dont je veux parler.

Par la Déclaration du Roy du 12. May 1705. il eſt porté que les Treſoriers de France de Bretagne auront la connoiſſance privativement à tous autres Juges, de la grande & petite Voyrie, & qu'à cet effet l'Arrêt du Conſeil donné en forme de Règlement le 21. Février 1690. pour les fonctions des Generaux des Finances de Bretagne, ſera executé à leur égard, de même qu'il l'auroit pû être par les Treſoriers de France ſupprimés par l'Edit du mois de Septembre 1700. Sa Majeſté ordonne que les petits Voyers feront les fonctions, & joüiront des droits

& des émolumens attribués aux Offices de petits Voyers créés par l'Edit du mois de Novembre 1697.

L'Arreſt du Conſeil rendu le 21. Février 1690. porte que par les Generaux des Finances de Bretagne il ſera procedé à la viſite des Ponts, Chauſſées & grands Chemins où les réparations ſont les plus urgentes, & qu'aprés avoir remis leurs Procés verbaux à M. l'Intendant, il ſera procedé en conſequence de ſes Ordonnances ou de M. le Gouverneur de la Province, pardevant les Generaux des Finances aux Devis, Marchés, Baux au rabais, dans les formes preſcrites par les Réglemens.

Il convenoit de renouveller l'execution de cet Arrêt, parce que le Procureur General

PREFACE.

Syndic des Etats de la Province de Bretagne, avoit obtenu
sur sa Requête un Arrest du
Conseil le 26. Octobre 1701.
par lequel Sa Majesté a ordonné qu'à l'avenir l'Adjudication
des Ouvrages publics seroit
faite par M. le Gouverneur ou
par M. l'Intendant en presence
des Députés & du Procureur
General Syndic des Etats.

Quoyque la disposition de
cet Arrêt du Conseil eût été
changée par la Déclaration de
Sa Majesté du 12. May 1705.
cependant les Etats de Bretagne rendirent une ordonnance
le 4. Decembre 1705. portant
qu'en cas que les Generaux des
Finances se presentent pour faire les Procés verbaux de visite
& les Adjudications des Ouvrages publics, le Syndic des
Etats sera tenu de s'y opposer

& de faire executer l'Arrêt du Conseil du 26. Octobre 1701.

L'Ordonnance des Etats de Bretagne a porté le Conseil de rendre l'Arrêt qu'il est à propos d'inserer icy.

❝ L E R O Y ayant par son ❝ Edit du mois de De‐ ❝ cembre 1704. créé par au‐ ❝ gmentation deux Tresoriers ❝ de France Generaux des Fi‐ ❝ nances en Bretagne, & un ❝ Procureur de Sa Majesté, ❝ avec attribution entr'autres ❝ Droits de la connoissance en ❝ premiere Instance & privati‐ ❝ vement à tous autres Juges, ❝ même des Jurisdictions ordi‐ ❝ naires, de la grande & petite ❝ Voyrie dans l'étenduë de la ❝ dite Province; & depuis par ❝ Déclaration du 12. May 1705. ❝ servant de Réglement pour

les fonctions desdits Offices, «
ordonné conformément au- «
dit Edit que lesdits Treso- «
riers de France auroient la «
connoiſſance en premiere In- «
ſtance & privativement à tous «
autres Juges, même à ceux «
des Juriſdictions Royales, de «
la grande & petite Voyrie, «
dans l'étenduë de ladite Pro- «
vince, & qu'à cet effet l'Ar- «
rêt du Conſeil donné en for- «
me de Réglement du 21. Fé- «
vrier 1690. pour les fonctions «
des Generaux des Finances «
de ladite Province, portant «
qu'ils feroient la viſite des «
Ponts & Chauſſées & grands «
Chemins, & qu'ils procede- «
roient aux Devis, Marchés, «
Baux au rabais des Ouvrages «
à faire, ſeroit executé à leur «
egard, de même qu'il l'au- «
roit pû être par les Treſoriers «

» de France de ladite Provin-
» ce fupprimés par Edit du mois
» de Septembre 1700. Et Sa
» Majefté étant informée que
» les Etats de ladite Province
» ont à leur derniere Affemblée
» rendu une Ordonnance le 4.
» Decembre dernier, portant
» qu'en cas que les Generaux
» des Finances fe prefentaffent
» pour faire les Procés verbaux
» de Vifites & Adjudications
» des Ouvrages, le Procureur
» General Syndic defdits Etats
» s'y oppoferoit & feroit exe-
» cuter l'Arrêt du Confeil du
» 26. Octobre 1701. portant
» qu'à l'avenir l'Adjudication
» des Ouvrages publics feroit
» faite par le Gouverneur &
» par l'Intendant en prefence
» des Députés & du Syndic
» des Etats: Et d'autant que
» ladite Ordonnance eft entie-

rement contraire audit Edit «
du mois de Decembre 1704. «
& à ladite Déclaration du 12. «
May dernier, & que Sa Ma- «
jesté a interêt que les Etats «
de ladite Province de Breta- «
gne ne se donnent pas la li- «
berté de se dispenser d'exe- «
cuter ses Edits & Déclara- «
tions, & d'en rendre l'execu- «
tion inutile par leurs Ordon- «
nances ; à quoy voulant pour- «
voir. Oüy le rapport du Sieur «
Chamillart Conseiller ordi- «
naire au Conseil Royal, Con- «
trolleur General des Finan- «
ces, SA MAJESTE' en son «
Conseil a cassé & annullé «
l'Ordonnance des Etats de «
Bretagne du quatriéme De- «
cembre dernier : Ce faisant, «
ordonne que ledit Edit du «
mois de Decembre 1704. & «
la Déclaration du 12. May «

» ſuivant ſeront executés ſelon
» leur forme & teneur ; & en
» conſequence que conformé-
» ment audit Arrêt du Conſeil
» en forme de Réglement du
» 21. Février 1690. les Treſo-
» riers de France Generaux des
» Finances en ladite Province
» feront la Viſite des Ouvrages
» à faire pour l'entretien & ré-
» paration des Ponts & Chauſ-
» ſées & Chemins publics, dont
» le fonds eſt fait annuellement
» par leſdits Etats, & qu'en
» conſequence des Ordonnan-
» ces du Gouverneur ou de
» l'Intendant de ladite Provin-
» ce, il ſera procedé parde-
» vant les Generaux des Finan-
» ces aux Devis, Marchés, Baux
» au rabais & reception deſdits
» Ouvrages. Fait Sa Majeſté
» défenſes auſdits Etats de ren-
» dre de pareilles Ordonnan-

ces

ces à l'avenir contraires aux «
Edits & Déclarations de Sa «
Majesté, & de contrevenir «
ausdits Edits & Déclarations, «
& au present Arrêt, à peine «
de désobéïssance. Enjoint Sa «
Majesté au Sieur Ferrand In- «
tendant de Justice, Police & «
Finances en ladite Province «
d'y tenir la main. Fait au «
Conseil d'Etat du Roy tenu «
à Versailles le vingt-septiéme «
jour d'Avril 1706. Collation- «
né. Signé, Du Jardin. «

Il est arrivé depuis, que sur les remontrances des Etats de Bretagne Sa Majesté a bien voulu ordonner qu'il en fût usé comme par le passé sur le fait de la grande & petite Voyrie, suivant l'Edit du mois de Mars 1709. dont voicy l'Extrait.

„ LOUIS, par la grace de
„ Dieu, Roy de France &
„ de Navarre: A tous prefens
„ & avenir, Salut. Ayant créé
„ par Edit du mois de Decem-
„ bre 1704. deux nos Confeil-
„ lers Treforiers de France Ge-
„ neraux de nos Finances en
„ Bretagne pour faire avec les
„ deux Treforiers de France,
„ pour lors établis, le nombre
„ de quatre ; un nôtre Procu-
„ reur, un Subftitut de nôtre
„ Procureur, un Greffier, qua-
„ tre petits Voyers, & deux
„ Huifliers-Collecteurs des Fi-
„ nances, Nous avons ordon-
„ né par nôtre Déclaration du
„ 12. May 1705. que lefdits Tre-
„ foriers de France auroient la
„ connoiffance en premiere in-
„ ftance & privativement à tous
„ autres Juges de la grande &

petite Voyrie dans l'étenduë «
de ladite Province de Breta- «
gne , & Nous les avons con- «
firmés dans cette attribution «
de Jurifdiction par Arrêt de «
nôtre Confeil du 27. Avril «
1706. Mais depuis fur les re- «
montrances des Etats Gene- «
raux de ladite Province Nous «
avons bien voulu qu'il en fût «
ufé comme par le paffé , fur «
le fait de la grande & petite «
Voyrie ; enforte que lefdits «
Generaux de nos Finances fe «
trouvant privés de faire au- «
cunes fonctions fur ce qui «
concerne la grande & petite «
Voyrie ; Et comme d'ailleurs «
ils ne prennent point con- «
noiffance des autres matieres «
qui font de la competence «
naturelle des Bureaux des «
Finances des autres Provin- «
ces , & qu'ils ne forment point «

ē ij

» un Corps de Compagnie, la
» Création defdits Offices de
» nôtre Procureur, de fon Sub-
» ftitut, du Greffier, de quatre
» petits Voyers , & de deux
» Huiffiers-Collecteurs eft de-
» venuë inutile , & lefdits Offi-
» ces n'ont point été remplis ;
» de maniere que Nous avons
» jugé à propos de les fuppri-
» mer , & de créer pour fup-
» pléer à la Finance que Nous
» Nous étions propofé d'en re-
» tirer, deux nouveaux Offices
» de nos Confeillers-Treforiers
» de France Generaux de nos
» Finances en ladite Province
» de Bretagne, pour faire avec
» les quatre cy-devant établis
» le nombre de fix, & procurer
» par cette augmentation d'Of-
» ficiers une plus prompte ex-
» pedition des affaires dont ils
» font chargés. A ces caufes &

autres à ce Nous mouvans, «
dé nôtre certaine science , «
pleine puiſſance & autorité «
Royale , Nous avons par le «
preſent Edit perpetuel & ir- «
revocable , éteint & ſuppri- «
mé, éteignons & ſupprimons «
les Offices de nôtre Procu- «
reur, de Subſtitut de nôtre- «
dit Procureur, de Greffier, «
de quatre petits Voyers , & «
de deux Huiſſiers-Collecteurs «
des Finances créés par nôtre- «
dit Edit du mois de Decem- «
bre 1704. enſemble des droits, «
émolumens , & gages que «
Nous leur avons attribué, qui «
ſeront retranchés à l'avenir «
des Etats de nos Finances de «
nôtredite Province de Bre- «
tagne &c. Donné à Verſail- «
les au mois de Mars, l'an de «
grace 1709. & de nôtre Re- «
gne le ſoixante - ſixiéme. «

» Signé, LOUIS. Et plus bas,
» Par le Roy, COLBERT. Viſa
» PHELYPEAUX. Veu au Con-
» ſeil, DESMARESTZ, & ſcellé.

Il paroît par ce changement que Sa Majeſté a réſolu de rétablir l'ancien état de nos Offices, en déclarant par l'Edit du mois de Mars 1709. que nous ne prenons point connoiſſance des matieres qui ſont de la competance naturelle des Bureaux des Finances des autres Provinces, & comme nous ne formons point un Corps de Compagnie, Sa Majeſté ordonne que Nous ne pouvons être recherchés ni inquiettés à l'avenir pour quelque cauſe & pretexte que ce ſoit, pour raiſon de ce qui concernera les Bureaux des Finances ; par ce moyen le Roy nous rapproche

du Corps de la Chambre des
Comptes de Bretagne où nous
avons entrée aux heures ordinaires & accoûtumées, féance
& voix déliberative en toutes
les Affemblées generales & particulieres de la Chambre, fuivant le rang & l'ordre de nôtre reception, en vertu de l'Arrêt du Confeil du 18. Mars
1673. enregiftré à la Chambre
des Comptes le 16. May de la
même année par Arrêt rendu
les Semeftres affemblés.

L'honneur qui vient du droit
dont je parle, nous eft d'autant
plus fenfible, que la Chambre
des Comptes de Bretagne joüit
du bonheur d'avoir à fa tête
Monfieur de la Bunelaye, qui
depuis plus de trente années
remplit fes fonctions avec tout
le luftre & la diftinction que
merite la dignité de cet em-

ploy, que ſes Ayeux ont occu-
pé. Quel ſoin plus glorieux
que celuy qu'il a pris, de cher-
cher en toutes choſes à conci-
lier le bien du ſervice avec
l'avantage & la ſatisfaction de
la Chambre, attentif uniquement
à ce qui pouvoit regar-
der les interêts & la gloire de
ſa Compagnie, il n'a épargné
ni ſes travaux, ni ſa ſanté pour
obtenir un heureux ſuccés de
ſes entrepriſes. Cette ardente
paſſion l'a ſouvent arraché du
ſein de ſa Famille, & du lieu
de ſon établiſſement, épris
d'une noble ardeur à prévenir
les beſoins des Officiers, qui
compoſent cette Compagnie,
à les proteger, à les ſecourir:
pour y réüſſir, il a fait ſervir
ſon credit, & les talens dont
le Ciel l'a favoriſé; talens ſi
connus, qui luy ont merité la
confiance

confiance des Miniſtres , &
l'admiration de ceux qui ont
l'honneur de le connoître ;
j'oſerois entreprendre d'en faire icy le détail, ſi cet illuſtre
Chef n'étoit plus content de
meriter les loüanges, que d'en
ſouffrir le recit : mais les Officiers de la Chambre nos Con-
freres , ne peuvent diſſimuler
les ſervices ſignalés qu'il a rendus , qui meriteroient d'être
ſuivis d'une reconnoiſſance é-
ternelle, ſi les cœurs de tous
les hommes étoient inacceſſi-
bles à l'ingratitude & à l'oubly
des bienfaits qu'on a receus.

Ce diſcours pourroit inſen-
ſiblement me conduire à parler icy de la joye que doit reſ-
ſentir Monſieur de la Bunelaye
de ſe voir revivre dans la perſonne de Monſieur de Becde-
lievre ſon fils, & d'admirer le

progrés de son esprit au de-là
de celuy de ses années; tel est
le fruit qu'il a dû recüeillir de
l'heureuse éducation qui luy a
été donnée, où il a puisé les
principes d'honneur & de vertu qui servent de régle à sa conduite. Heureux présages de ce
qu'on doit attendre des dispositions avantageuses de son esprit, par rapport à l'excellent
Modele sur lequel il prend soin
de les perfectionner.

TABLE
DES CHAPITRES.

CHAP. I. DU Droit de Voy-
rie.   page 1.
Edits & Déclarations du Roy sur
ce sujet.   p. 14. & suiv.
CHAP. II. Contenant l'Extrait
des Arrests & Réglemens
qui ont été rendus en faveur
des Tresoriers de France,
pour la connoissance du Droit
de Voyrie.   p. 111.
CHAP. III. Où l'on prouve que
le Droit de Voyrie appar-
tient au Roy.   p. 126.
CHAP. IV. Des Chemins & des
Ponts.   p. 131.
CHAP. V. Des Personnes illustres
qui ont eu le soin des Ouvra-

ı ij

TABLE

ges publics. p. 144.

CHAP. VI. *De la largeur des Chemins.* p. 162.

Extrait des Regiſtres du Conſeil d'Etat du Roy ſur ce ſujet. p. 166.

CHAP. VII. *Des Peages.* p. 176.

Extraits des Edits, Déclarations, Arreſts & Réglemens rendus ſur ce ſujet. p. 197. & ſuiv.

CHAP. VIII. *Des Bàtimens & des ſaillies des Maiſons dans les ruës & voyes publiques.* p. 222.

CHAP. IX. *Du Pavé, des Ruës, & des Bàtimens qui menacent ruine.* p. 247.

CHAP. X. *Des Encombrements des Ruës.* p. 267.

CHAP. XI. *Des réparations des Ouvrages dont le fonds eſt aſſigné ſur les deniers d'Octroy des Villes & Communautés.* p. 271

DES CHAPITRES.
CHAP. XII. *De la garentie des Ouvrages publics.* p. 275.
CHAP. XIII. *De la difference entre les fonctions des Treso-riers de France & celles des Officiers de la Police des Villes.* p. 281.
Extraits d'Arrests du Conseil d'E-tat sur ce sujet. p. 283. & 286.

Fin de la Table.

APPROBATION.

J'Ay lû par ordre de Monseigneur le Chancelier *le Traité du Droit de Voyrie*, & j'estime que cet Ouvrage sera également utile & agréable au public. Fait à Paris, le 6. Juin 1707.

RASSICOD.

PRIVILEGE DU ROY.

LOUIS, par la grace de Dieu, Roy de France & de Navarre : A nos amés & feaux Conseillers, les Gens tenans nos Cours de Parlements, Maîtres des Requêtes ordinaires de nôtre Hôtel, Grand Conseil, Prevôt de Paris, Baillifs, Sénéchaux, leurs Lieutenans Civils & autres nos Justiciers qu'il appartiendra, Salut. Le Sieur GERARD MELLIER nôtre Conseiller Tresorier de France & General de nos Finances en Bretagne, Nous a fait remontrer qu'il desireroit donner au public un *Traité du Droit de Voyrie, contenant un Recüeil des Edits, Déclarations, Arrests & Réglemens qui ont attribué la connoissance de ce Droit aux Tresoriers de France & Generaux de nos Finances,* s'il Nous plaisoit lui accorder nos Lettres de Privilege sur ce necessaires ; Et voulant seconder ses bonnes intentions pour l'impreſſion d'un Ouvrage, qui ne paroît pas moins utile que curieux, Nous avons permis & permettons par ces Preſentes audit Sieur MEL-LIER de faire imprimer ledit Livre en telle forme, marge, caractere, & autant de fois que bon luy ſemblera, & de le faire vendre, & debiter par tout nôtre Royaume pendant le temps de quatre années conſécutives, à compter du jour de la datte deſdites Preſentes; Faiſons dé-fenſes à toutes perſonnes de quelque qualité & condition qu'elles ſoient, d'en introduire d'im-preſſion étrangere dans aucun lieu de nôtre obéïſſance; Et à tous Imprimeurs, Libraires, & autres, d'imprimer, faire imprimer, & con-trefaire ledit Livre en tout ni en partie, ſans la permiſſion expreſſe & par écrit dudit Sieur Ex-poſant, ou de ceux qui auront droit de luy, à peine de confiſcation des Exemplaires contre-faits, de quinze cent livres d'amande contre chacun des contrevenans, dont un tiers à Nous, un tiers à l'Hôtel-Dieu de Paris, l'autre tiers audit Sieur Expoſant, & de tous dépens, dom-mages & interêts; à la charge que ces Preſen-tes ſeront enregiſtrées tout au long ſur le Re-giſtre de la Communauté des Imprimeurs & Libraires de Paris, & ce dans trois mois de la datte d'icelles; que l'impreſſion dudit Livre ſe-ra faite dans nôtre Royaume & non ailleurs, & ce en bon papier & en beaux caracteres, confor-mément aux Réglemens de la Librairie, & qu'avant de l'expoſer en vente, il en ſera mis deux Exemplaires dans nôtre Bibliotheque, un dans celle de nôtre Château du Louvre, & un

dans celle de nôtre tres-cher & feal Chevalier
Chancelier de France le Sieur Phelypeaux
Comte de Pontchartrain Commandeur de nos
Ordres, le tout à peine de nullité des Presentes; du contenu desquelles vous mandons &
enjoignons de faire joüir ledit Sieur Exposant
ou ses ayans cause pleinement & paisiblement,
sans souffrir qu'il leur soit fait aucun trouble
ou empêchement. Voulons que la Copie desdites Presentes, qui sera imprimée au commencement ou à la fin dudit Livre, soit tenuë
pour dûëment signifiée, & qu'aux Copies collationnées par l'un de nos amés & feaux Conseillers & Secretaires, foy soit ajoûtée comme
à l'Original : Commandons au premier nôtre
Huissier ou Sergent de faire pour l'execution
d'icelles tous Actes requis & necessaires sans
demander autre permission, & nonobstant cla-
meur de Haro, Charte Normande, & Lettres
à ce contraires ; Car tel est nôtre plaisir. Donné à Versailles le dixiéme jour de Juillet, l'an
de grace mil sept cent sept, & de nôtre Regne
le soixante-cinquiéme. Par le Roy en son
Conseil, LE COMTE.

*Regiſtré ſur le Regiſtre nº. 2. de la Com-
munauté des Libraires & Imprimeurs de Paris page 127. nº. 476. conformément aux Réglemens, & notamment à l'Arreſt du Conſeil
du 13. Aouſt 1703. A Paris, ce 21. Juillet
1707.*

Signé, GUERIN, Syndic.

TRAITE

TRAITÉ
DU DROIT
DE VOYRIE.

CHAPITRE PREMIER.

Du Droit de Voyrie.

LE Droit de Voyrie est l'inspection sur les reparations des Chemins, des Ponts & Chaussées, du pavé des ruës; sur les alignemens d'Edifices, l'aposition des Enseignes, des Auvents, des Estallages, & sur les autres Saillies, Avances, & les Encombremens de la voye publique.

Dict. de prat. p.83.

Exposition de Cout. sur les chem. p. 62.

A

Cette définition fait connoître que mon dessein n'est pas de traiter icy du Droit de Voyrie, dans le sens qui luy a esté donné par differentes Coûtumes ; j'en rapporteray seulement quelques exemples.

La moienne Justice est appellée Grande Voyrie dans les Coûtumes de Tours & d'Anjou ; dans celle de la Baronnie de la ruë d'Indre, le Juge du bas ou moïen Justicier s'appelle Juge Veher ; & dans celle de Blois on a donné le nom de Gros Voyer au Juge qui a moïenne Justice, & celuy de simple Voyer au bas Justicier.

Les fonctions des Officiers qui connoissent du Droit de Voyrie (dont il sera parlé dans la suite de ce Livre) ont beaucoup de rapport aux Ediles que les Romains avoient établis pour avoir soin des reparations necessaires aux Chemins, aux Ponts & Passages : *Ædiles studeant, ut quæ secundùm Civitatem sunt Viæ adæquentur, & Effluxiones non noceant domibus, & Pontes fiant ubicunque oportet : studeant etiam, ne eorum aut aliorum parietes etiam domorum sint caduci, sed, ut oportet, emundent Domini domorum & construant; si autem non emundaverint neque construxerint, multent eos quousque firmos effecerint; curent autem ut nullus effodiat vias, neque subruat, neque construat quid in viis.*

Nous n'avons point en France de plus anciens vestiges de la Creation des Voyers que le Reglement de l'année 1270. & celuy du mois de Mars 1459. contenant les Droits & les Emoluments qui ont esté perçûs à cet égard. *Notes de Chop. sur l'art. 43. de la Cour. d'Anjou.*

Pour faciliter l'exercice du Droit de Voyrie, on avoit creé des Offices de petits Voyers, & des Maîtres des œuvres, dont les fonctions estoient separées suivant les Ordonnances des mois de Novembre 1548. & 14. May 1554. Les Maistres des œuvres estoient obligés d'executer les ordres qui leur estoient donnés par les petits Voyers, qui faisoient ensuite leur rapport aux Juges Royaux, ausquels la connoissance des matieres de la Voyrie avoit esté *Confer. des Ord.* *Bacq. fol. 551. n. 34.*

attribuée par l'Ordonnance du mois de May 1413. On lit dans d'autres Autheurs les Ordonnances sur le fait de la Voyrie, qui ont esté renduës par le Lieutenant Civil de Paris & par le Baillif de Touraine, entr'autres celles des 19. Juillet 1597. 22. Septembre 1600. dernier Juillet 1554. & dernier jour du mois de Decembre 1594.

Quoyque la Jurisdiction contentieuse de la Voyrie fût exercée par les Juges Royaux, cependant les Tresoriers de France avoient le pouvoir de visiter les Chemins, les Pavez, les Ponts & Chaussées du Royaume, & d'ordonner les reparations necessaires à leur entretien, soit des deniers du Roy, soit de ceux des Seigneurs dans les lieux où ils perçoivent les droits de Peage & de Coûtume.

Le Roy Henry IV. ayant reconnu le besoin important de remedier aux entreprises qui estoient faites sur les ruës & sur les voyes publiques, créa l'Office de Grand Voyer de France par l'Edit du mois de

May 1599. duquel il accorda les pro-
visions à Maximilien de Bethune Duc
de Sully.

Le pouvoir qu'on avoit attribué à
cet Office excita plusieurs contestations de la part des Seigneurs Haut-
Justiciers, qui donnerent lieu à la
Declaration du 7. Juin 1604. & à
l'Edit du mois de Decembre 1607.
par lequel le Roy regla l'étenduë
des fonctions du Grand Voyer.

Les Tresoriers de France souffroient avec peine l'erection d'un
Office qui apportoit autant de trouble & d'alteration au droit où ils
estoient d'ordonner des deniers desti-
nez à la refection & à l'entretien des
Ponts & Chaussées de leur Generalité : cependant il estoit difficile de
resister à Maximilien de Bethune
Duc de Sully, Prince Souverain
d'Enrichemont & de Boisbelle, Marquis de Rosny. Dés sa plus tendre
jeunesse il s'estoit attaché à Henry
le Grand dont il avoit merité la confiance par sa fidelité & ses services
dans les batailles de Coutras, d'Ar-
ques, d'Ivry, & aux sieges de Paris,

A iij

Regist. du
Parl. du
7. Sept.
599.

Liv. des
Mand. de
la Chamb.
des Comp.
de Bret. du
20. Nov.
1604.

Regist. du
Parl. du
14. Mars
1608.

de Noyon, de Roüen, & de Laon :
Ce grand Roy luy donna l'Office de
Grand Voyer, celuy de Surinten-
dant des Finances, le Gouvernement de la Baſtille, celuy de la Province de Poitou ; il l'envoya en Angleterre en qualité d'Ambaſſadeur
extraordinaire, il érigea ſa Terre de
Sully en Duché & Pairie, & le fit
Grand Maiſtre de l'Artillerie, & des
Ports & Havres de France : Enfin
ce fût en allant à l'Arſenal pour
conferer avec luy, que ce grand
Roy reçut le coup fatal qui termi-
na ſa vie, aprés quoy Maximilien
de Bethune fut depoüillé des Charges dont il eſtoit revêtu, & ſe re-
tira dans une de ſes Maiſons pour
y finir ſes jours avec tranquillité.

Les Treſoriers de France ſe trou-
verent alors en état de faire leurs
tres-humbles remontrances au Roy
Loüis XIII. d'heureuſe memoire, &
par un effet de ſa protection & de
ſa juſtice, ils obtinrent la ſuppreſ-
ſſion de l'Office de Grand Voyer,
& la réunion des fonctions qui en
dépendent, aux Charges des Treſo-

riers de France dans l'étenduë de leur reſſort, ſuivant l'Edit donné au mois de Fevrier 1626. confirmé par celuy de Neufchaſtel au mois de May 1635. portant que la Voyrie ſera exercée par les Treſoriers de France dans toutes les Villes de leur Departement, ſelon l'uſage pratiqué dans la Prevoſté & Vicomté de Paris, avec attribution des mêmes Droits & des mêmes Emolumens.

Cette réunion convient d'autant mieux au bien du ſervice, que les Treſoriers de France ſont obligés de faire leurs viſites, ou chevauchées dans l'étenduë de leur Departement, enſorte qu'ils peuvent connoître par eux-mêmes les reparations neceſſaires aux Chemins, & dreſſer leurs Procez verbaux des uſurpations & des abus contraires aux Reglemens de la Voyrie.

Les Treſoriers de France repreſentent les Queſteurs que les Romains avoient établis, ils étoient obligés d'agir de concert avec les Ediles ou Voyers, pour fournir aux dépenſes des reparations des Chemins & des Ouvrages publics ; ainſi

Reg. du
Parl. du
mois de
Mars
1626.

A iij

l'on peut dire que par la réunion du Droit de Voyrie aux Tresoriers de France, on s'est conformé aux maximes des Loix Romaines selon le témoignage suivant.

Gr. Leti. r iſt. Ge neu. pag. 88 vol. I.

Trè erano ancora gli edili quali Vegliavano ſopra tutte le fabriche publiche, tanto ſagre che profane, ſopra gli aquidotti, ſopra leſtrade, ſopra gli ornamenti delle citta, é ſopra tutte le feſte publiche; mà-pero non potevano riſolvere coſa di conſideratione per le ſpeſe, o di fabriche, o d'altro, ſe non lo partecipavano à duoi queſtori, é con i quali unitamente riſolvevano, é dá quali ne cavavano il denaro niceſſario, ed a queſti medeſimi poi dovevano render conto delle ſpeſe.

Reg. du Parl. du 25. Juin 1693.

Les fonctions qui concernent l'exercice du Droit de Voyrie ont été amplement expliquées par la Declaration renduë à Rocroy le 16. Juin 1693. à cauſe de l'union qui avoit été faite au mois de Mars de la même année de la Chambre du Treſor au Bureau des Finances de la ville de Paris, & la Création de quatre Commiſſaires generaux de la Voyrie , pour faire le rapport aux Treforiers de France de toutes les operations qui en dépendent.

Lorfqu'il plût au Roy de créer divers Offices de Treforiers de France par l'Edit du mois d'Avril 1694. Sa Majefté confirma les Droits & les Privileges accordés aux Bureaux des Finances, entr'autres la connoiffance de la grande & petite Voyrie ; & depuis ayant reconnu l'utilité de l'établiffement des quatre Commiffaires de la Voyrie dans la ville de Paris, Elle jugea qu'il étoit à propos de pourvoir aux abus qui fe commettent dans les autres Villes du Royaume fur le fait de la Voyrie , & de la faire exercer par les Prifeurs, Arpenteurs, Jurez & Greffiers de l'Ecritoire , privativement à tous autres, fous l'autorité & la Jurifdiction des Treforiers de France, en conformité de l'Edit qui fut rendu au mois de Novembre 1697. avec le Tarif des Droits qui doivent être perçûs.

Le Roy accorda la fuppreffion de ces Offices aux Etats de Bretagne par l'Edit du mois d'Avril 1701. au

Reg. au Parl. en 11. Avril 1701.

moïen du remboursement de la Finance qui auroit été payée par les
Acquereurs ; ensorte que la Voyrie
fut pratiquée par les Tresoriers de
France sans le Ministere de ces Officiers.

Quoyque les petits Voyers n'eus-
sent aucun pouvoir d'exercer la Voyrie que sous l'autorité des Tresoriers de France , qui estoient les
seuls Juges capables d'accorder les
permissions necessaires , & de regler
les contestations qui pouvoient naître sur les operations de la Voyrie ;
cependant on s'étoit avisé par un
faux principe , de contester la connoissance du Droit de Voyrie aux
deux anciens Tresoriers de France
en Bretagne , sous pretexte du remboursement qui avoit été fait par
les Etats des Offices des petits Voyers , & que les Tresoriers de France
étoient obligés depuis la suppression
du Bureau des Finances , d'appeller
avec eux les Substituts du Procureur
General de Sa Majesté , lorsqu'ils
étoient requis de faire les descentes
sur les lieux ; Sa Majesté ayant été in-

Reg. du Parl. du 11.Janv. 1705.

formée de cette contestation, Elle a creé par l'Edit du mois de Decembre 1704. deux Tresoriers Generaux de France en Bretagne, un Procureur du Roy, un Substitut, un Greffier, quatre petits Voyers, & deux Huissiers Collecteurs, avec attribution des mêmes fonctions & des mêmes droits & privileges dont joüissent les deux anciens Tresoriers de France, entr'autres de la connoissance en premiere instance & privativement à tous autres Juges, même à ceux des Jurisdictions ordinaires & Royales, de la grande & petite Voyrie dans l'étenduë de la Province de Bretagne : à l'effet de quoy & dans les cas où il échoira de le faire, l'un des quatre petits Voyers sera tenu, sur les Ordonnances des Tresoriers de France, de descendre sur les lieux pour prendre les allignements ; & par la Declaration du Roy du 12. May suivant, il est porté que les Tresoriers de France auront la connoissance privativement à tous autres Juges de la grande & petite Voyrie.

Edit du mois de Decembre 1704.

Reg. du Parl. du 12. Juin 1706.

Pour aſſûrer aux Generaux des Finances en Bretagne un libre exercice de la connoiſſance du Droit de Voyrie, il ne reſtoit plus qu'à les garantir du trouble qui leur étoit fait par le Lieutenant General, & le Procureur du Roy de la Police de la ville de Nantes touchant la connoiſſance des ſaillies des Maiſons, des allignements d'Edifices, de l'entretien & de la refection du pavé des ruës, & des autres matieres qui concernent le Droit de Voyrie.

Il paroiſſoit difficile d'y remedier; les Juges de Police de Nantes avoient porté cette conteſtation au Parlement de Rennes, & d'un autre côté les Generaux des Finances s'étoient pourvûs devant Sa Majeſté, qui les avoit reçûs à proceder au Conſeil ſur la demande en caſſation des Arreſts du Parlement de Rennes, qui avoient été rendus en faveur des Juges de la Police de Nantes.

Arreſt du Conſeil du 28. Sept. 1706. Enfin ce procés a été decidé par l'Arreſt du Conſeil Royal du 28ᵉ. jour de Septembre 1706. par lequel Sa Majeſté a maintenu & gardé les

Treforiers Generaux des Finances en Bretagne dans la connoiſſance de tout ce qui regarde la grande & petite Voyrie, avec défenſes aux Juges de Police de Nantes de les y troubler, ni de s'y immiſcer à l'avenir, à peine de tous dépens, dommages & interêts.

J'ay inferé à la ſuite de ce Chapitre les Edits, Declarations, Arreſts & Reglements dont j'ay parlé, afin de donner une plus ample connoiſſance du Droit de Voyrie, & de l'uſage qui doit être obſervé à cet égard par les Treforiers de France, Generaux des Finances, & grands Voyers en Bretagne.

EDIT
DU ROY,

Portant Création & Etablisse-
ment de l'Etat & Office de
Grand Voyer de France.

*Verifié en Parlement le 7. Septembre
1599.*

HENRY par la grace de Dieu,
Roy de France & de Navarre :
A tous ceux à venir, Salut. Nos
Predecesseurs Roys considerans les
entreprises & usurpations qui se font
sur les voyes & ruës publiques des
Villes, au grand préjudicedu public
& l'incommodité des Passans ; pour
faire cesser telles voyes, avoient
fait plusieurs Edits contenants le Reglement qu'ils avoient connu être
necessaire pour l'observation d'iceux,
établi en nôtre ville de Paris, Capitale de ce Royaume, un Voyer,
ayant entr'autres choses le pouvoir

d'avoir l'œil aufdites voyes & paffages, les conferver en leurs efpaces,
grandeurs & largeurs, vifiter les Bâtimens étans fur les ruës & voyes,
alligner les Bâtimens nouveaux, &
toutes autres fonctions qui en dépendent, chofe grandement impor-
tante, & l'une des principales de la
Police: Et depuis a été creé en aucunes autres Villes des Offices de
Voyers avec pareille autorité, qui
a fait ceffer les ufurpations dont
ufoient les Communautés & particuliers, és Edifices, és Bâtimens
& allignemens des ruës, Maifons
& autres chofes tres-neceffaires: Et
d'autant que par l'injure du temps,
que negligence des Officiers & autres perfonnes prepofées aufdites
Charges, lefdits Reglemens ont été
du tout délaiffés, & les mêmes abus
qui s'y commettoient, continués.
A quoy étant befoin de pourvoir
par l'importance de cette affaire,
concernant generalement tous nos
Sujets, & commodité & facilité du
commerce, avons jugé être à propos pour le bien de nofdits Sujets,

d'établir un état de Grand Voyer, ayant l'autorité & Superintendance fur tous les Voyers établis, & qui le pouroient être cy-aprés en toutes & chacunes les Villes de nôtredit Royaume & Païs de nôtre obéïffance, pour la confervation de nos droits, & l'obfervation des Reglemens établis pour le fait defdits Voyers : Avons par cetuy nôtre Edit perpetuel & irrevocable, établi, creé & erigé, établiffons, créons & érigeons ledit Etat de Grand Voyer de France, pour y être pourvû prefentement, & quand vacation écherra, par Nous & nos Succeffeurs, de perfonnes capables, dont la fuffifance, dignité, experience & integrité requife en icelle Charge Nous foient connuës & approuvées, & en joüir & ufer aux honneurs, autorités, prérogatives, préeminences, franchifes, libettez, pouvoir, droits, profits & émolumens audit Office appartenans, & aux gages, taxations & droits qui feront fpecifiés & declarés par fes Lettres de provifion : qui aura le

pouvoir

pouvoir de Superintendance fur tous [nos Voyers établis en toutes les Villes de nôtre obéïſſance, & leſquels feront tenus reconnoître ledit Grand Voyer en ce qui dépend de leurs Charges & fonctions, à condition que ledit Grand Voyer ne pourra prétendre aucune Juriſdiction contentieuſe, & fans qu'en conſequence de ladite Création il puiſſe être fait à l'avenir aucunes nouvelles Créations d'Officiers, ni levées de deniers fur nos fujets, pour les droits qui feront attribués audit Etat; & que celuy qui en fera pourveu l'exercera en perſonne, & en fon abſence les Officiers ordinaires des lieux où il n'y auroit point de Voyers. SI DONNONS EN MANDEMENT à nos amez & feaux Conſeillers, les Gens tenans nôtre Cour de Parlement à Paris, que ces Preſentes ils verifient & faſſent regiſtrer, & le contenu garder, obſerver & entretenir, & dudit Etat & Office, joüir & uſer pleinement & paiſi-

B

blement ceux qui en seront pourveus ; ensemble des honneurs, autorités, prérogatives, préeminences, franchises, libertés, pouvoir, droits, profits, revenus &
emolumens y appartenans, & à
luy obéïr & entendre de tous ceux
& ainsi qu'il appartiendra és choses touchant & concernant ledit
Etat ; CAR tel est nôtre plaisir.
Et afin que ce soit chose ferme &
stable à toûjours, Nous avons fait
mettre nôtre Scel à cesdites Presentes, sauf en autres choses nôtre droit, & l'autrui en toutes.
DONNE à Fontainebleau au mois
de May l'an de grace mil cinq
cent quatre-vingt dix-neuf, & de
nôtre Regne le dixiéme. *Signé*,
HENRY. *Et sur le repli*, Par
le Roy. DE NEUFVILLE. *Et à
côté*, Visa, *& scellées du grand Sceau
de cire verte sur lacs de soye rouge &
verte.*

*Lûës, publiées & regîstrées, ouy
le Procureur General du Roy. A*

*Paris en Parlement le septiéme jour
de Septembre, l'an mil cinq cent quatre - vingt dix - neuf. Signé ,* DU
TILLET.

DECLARATION
DU ROY,

En faveur du Sieur Marquis de Rosny Grand Voyer de France, du 7. Juin 1604.

HENRY par la grace de Dieu, Roy de France & de Navarre : A tous ceux qui ces présentes Lettres verront, Salut. Les longues guerres dont le Royaume a été affligé ayant contraint un chacun de travailler plûtôt à la conservation de son bien particulier, qu'à l'avancement & utilité des affaires communes, auroient tellement fait negliger toutes les sortes d'ouvrages publics, qu'il n'en restoit quasi plus aucun en son entier, de tout quoy ayant receu plusieurs plaintes, & reconnu même en plusieurs endroits les grands dommages & incommoditez que recevoient nos Sujets en la démolition des Portes, Murailles, Ponts, Ports,

Paſſages, Pavés, Turciers, Chauſſées, Chemins, Voyes & autres
choſes publiques, & deſirant pourvoir de remedes convenables à choſe
de cette importance, Nous aurions
eſtimé n'y avoir autre expedient plus
à propos que de faire rétablir & remettre comme Nous avons fait, par
nôtre Edit du mois de Septemb. 1599.
l'Office de Grand Voyer de France,
de long - temps diſcontinué & de-
meuré comme aboli, auquel appartient entierement le ſoin & la direction deſdites Voyes & Ouvrages publics, duquel Office ayant pourveu
nôtre tres - cher & bien amé Couſin
le Sieur Marquis de Roſny Grand
Maître de l'Artillerie de France,
pour l'entiere confiance que Nous
avons de ſa capacité, fidelité & diligence, il Nous auroit auſſi-tôt fait
connoître par ſon bon ordre qu'il a
apporté en divers lieux, combien le
rétabliſſement & exercice d'un tel
Office étoit utile & neceſſaire au bien
public, & d'autant que puis n'a gue-
res nôtredit Couſin auroit auſſi été
pourveu de l'Office de Voyer de Pa-

ris que Nous avons fait unir à celuÿ de Grand Voyer par sa discontinuation, duquel les droits & fonctions y appartenans auroient été usurpés & occupés tant par ledit Voyer de Paris que par autres nos Officiers qui entreprennent encore l'exercice. Voulant pourvoir à ces abus, tant pour faciliter à nôtredit Cousin autant qu'il Nous est possible l'ordre & execution d'une Charge si utile au public, comme est celle de Grand Voyer de France, que pour conserver & maintenir l'ancienne dignité d'icelle entre ses mains ; sçavoir faisons, que Nous pour ces causes & autres à ce Nous mouvans, de l'avis de nôtre Conseil où cette affaire a été mûrement considerée & deliberée, Avons dit & declaré, disons & declarons & ordonnons par ces Presentes, voulons & nous plaît, que ledit Sieur Grand Voyer de France joüisse & use dorénavant de tous & chacuns les droits, utilités, privileges, prérogatives & attributions qui ont été autrefois concedées & accordées audit Office de Grand Voyer de France &

Voyer de Paris, & dont en divers
temps ils ont joüi, ou dû joüir suivant la justification qui s'en pourra
faire par Lettres, Titres, Sentences,
Arrêts ou Registres autentiques, lesquels droits Nous avons en tant que
besoin seroit de nouveau attribué &
attribuons audit Office, & défendons
à cette fin tres-expressément à tous
nos autres Officiers, de plus s'en-
tremettre en aucune maniere que ce
soit és choses qui sont ou seront re-
connuës être dépendantes de la fonction de ladite Charge, ayant defferé
audit Sieur Grand Voyer la Surinten-
dance, tant sur toutes les reparations
necessaires aux Ponts, Portes, Murailles, Ports, Passages, Pavés, Turciers
& Levées, Chaussées, Voyes, Chemins & autres Ouvrages publics, que
sur tous les Voyers établis en nôtre
Royaume, avec pouvoir de commettre és lieux où besoin sera, & aufquels il se trouvera n'y en avoir aucuns, jusqu'à ce que par Nous y ait
été pourveu ; & d'autant aussi que
pour la grande étenduë de ladite
Charge de Grand Voyer, & la mul-

titude d'affaires qui y en furviennent chacun jour, il eſt comme impoſſible qu'un homme ſeul puiſſe vaquer & ſatisfaire comme il eſt requis, n'étant ſoulagé dans les Provinces par les Officiers qui ſont ſur les lieux avec le ſoin & la diligence qu'ils doivent, tant à cauſe des autres fonctions qui les occupent, que pour ce que ledit Seigneur Grand Voyer n'a aucune autorité ni pouvoir particulier ſur eux pour leur faire executer les Ordonnances de ladite Voyrie; deſirant y apporter l'ordre qui peut être neceſſaire, non-ſeulement de faire que ladite Charge ſoit plus ſoigneuſement adminiſtrée dedans nos Provinces, mais auſſi pour empêcher & reprimer diverſes concuſſions qui ſe commettent par divers particuliers qui ont obtenu certaines Commiſſions par ſurpriſe & de perſonnes qui n'ont pouvoir d'en expedier pour cette occaſion, Avons à iceluy nôtredit Couſin donné & attribué par ces Preſentes pouvoir d'établir en chacune Generalité de ce Royaume une perſonne qu'il choiſira ſuffiſante & capable

capable d'entre nos Officiers residant
en icelle, pour être son Lieutenant en
ladite Charge de Grand Voyer, en
porter le titre & la qualité, executer
toutes nos Ordonnances, Reglemens
& autres Mandemens touchant &
concernant ladite Voyrie, & iceux
faire soigneusement observer par tous
ceux qu'il appartiendra, & generalement l'employer en l'absence dudit
Sieur Grand Voyer à tout ce qui
pourra appartenir au fait de ladite
Charge, sans pour ce pretendre aucuns gages, défendant tres-expressément à tous Juges d'avoir aucun
égard à toutes Commissions concernant ladite Voyrie sans l'attache dudit Sieur Grand Voyer ou de sesdits
Lieutenans. SI DONNONS EN
MANDEMENT à nos amés & feaux,
les Gens tenans nôtre Cour de Parlement de Rennes & Chambre des
Comptes à Nantes, que ces Presentes ils ayent à enteriner, faire regi-
strer, & du tout le contenu en icelles faire joüir & user ledit Sieur Marquis de Rosny Grand Voyer de France pleinement & paisiblement, ces-

C

fant & faifant ceffer tous troubles &
empêchemens contraires. CAR tel
eft nôtre plaifir. En témoin de quoy
Nous avons fait mettre nôtre Scel à
cefdites Prefentes. DONNE' à Saint
Germain en Laye le feptiéme jour de
Juin l'an de grace 1604. & de nôtre
Regne le 15. *Signé,* HENRY. *Et fur
le repli,* Par le Roy, POTIER. *Et
fcellées du grand Scel de cire jaune.*

*Lûës, publiées & enregiftrées en la
Chambre des Comptes à Nantes le 20.
Novembre 1604. Signé,* RAOUL *&*
LE FRANC.

EDIT DU ROY,

Du mois de Decembre 1607.

Contenant l'ordre, la fonction & les droits de l'Office de Grand Voyer & de ses Commis.

HENRY par la grace de Dieu, Roy de France & de Navarre : A tous presens & avenir, Salut. Ayant reconnu cy devant combien il importoit au public que les grands Chemins, Chaussées, Ponts, Passages, Rivieres, Places publiques & ruës des Villes & Fauxbourgs de cetuy nôtre Royaume, fussent rendus en tel état, que pour le libre passage & commodité de nos sujets, ils n'y trouvassent aucun détourbier ou empêchement ; Nous aurions à cette occasion fait expedier nôtre Edit du moisde May 1599. pour la Création

en titre d'Office de l'Etat de Grand
Voyer de France ; afin que celuy qui
en feroit par Nous pourveu y ap-
portât un tel foin, vigilance & affe-
ction, que Nous & le public en
puffent tirer l'utilité requife ; Ce
qu'ayant depuis fait pour la perfonne de nôtre tres-cher & tres-amé
Coufin le Sieur Duc de Sully Grand
Maître de nôtre Artillerie, Gouverneur & nôtre Lieutenant General en
Poitou, qui s'en feroit jufqu'à prefent fi dignement acquitté, qu'il
Nous a donné toût fujet de conten-
tement ; mais d'autant que depuis
la difcontinuation de ladite Charge
de. Grand Voyer il s'eft gliffé plufieurs defordres au fait de ladite Voyrie, particulierement en nôtre ville
de Paris par les entreprifes des Juges, des Seigneurs Hauts-Jufticiers,
lefquels outre leurs fonctions ordinaires, difputent les droits attribuez
à leurs Charges ; auffi par la negligence de nos Officiers en icelle,
pour n'avoir affés donné à connoître à un chacun ce que portoient
les Reglemens cy-devant fur ces faits,

& sur les droits qui sont attribués à la Voyrie de ladite Ville. Nous avons estimé non-seulement utile, mais tres-necessaire pout le bien de nos Sujets, leur donner une particuliere connoissance de nôtre volonté sur le fait de ladite Voyrie : Comme aussi pour leurs droits , que Nous voulons être dorénavant perceus par nos Voyers , ou ceux qui seront par eux commis à cet effet. A CES CAUSES, Nous de l'avis de nôtre Conseil auquel étoient plusieurs Princes de nôtre Sang , & autres notables Seigneurs de nôtre Royaume ; Avons par cetuy nôtre Edit & Reglement perpetuel & irrevocable , voulu & ordonné que les articles contenus en iceluy concernans ladite Voyrie soient entretenus , suivis & observés de point en point par tous nosdits Sujets.

Premierement , que la justice de ladite Voyrie sera à l'avenir exercée , ainsi & par les Juges qu'elle avoit accoûtumé auparavant , sans toutesfois préjudicier au droit d'icelle.

C üj

Nous voulons que nôtre Grand Voyer ou autres par luy commis, ayent la connoiſſance de ladite Voyrie, tant dans les Villes, Fauxbourgs & grands Chemins, vulgairement appellés Chemins Royaux; & que nos amés & feaux Conſeillers les Gens de nôtre Chambre du Treſor à Paris connoiſſent de tous differents qui interviendront pour leurs droits dûs & affectés à ladite Voyrie; auſquels Nous avons attribué & attribuons la connoiſſance de tels differents, qui y feront par eux jugés & terminés, nonobſtant & ſans préjudice de l'appel juſques à la ſomme de dix livres Pariſis d'amende & au deſſous; & pour les ſommes excedans dix livres Pariſis par proviſion, pour ce qui eſt de nôtre Domaine ſeulement, & du Prevôt de Paris pour ce qui regarde la Police, comme les alignemens, perils éminens & autres cas ſemblables de la Ville & Fauxbourgs d'icelle, & par appel en nôtredite Cour de Parlement; la moitié deſquelles amendes à Nous reſervée, ſera miſe

entre les mains du Receveur de nôtre Domaine de ladite Ville, & l'autre moitié appartenante]audit Grand
Voyer & sesdits Commis, pour &
au lieu des frais qu'il convient faire
journellement en l'exercice de sa
Charge, au payement desquelles les
particuliers seront contraints, en
vertu des Sentences ou Extraits du
Greffe, en la maniere accoûtumée.

Voulons aussi & Nous plaît, que
lorsque les rues & chemins seront
encombrés ou incommodés, nôtredit Voyer ou ses Commis enjoignent
aux particuliers de faire ôter lesdits empêchemens, & sur l'opposition ou differens qui en pouroient
resulter, faire condamner lesdits particuliers, qui n'auront obéï à ses
Ordonnances trois jours aprés la
signification qui leur en sera faite,
jusques à la somme de dix livres &
au dessous pour lesdites entreprises
par eux faites : & pour cet effet de
les faire assigner à sa Requête pardevant ledit Prevôt de Paris, auquel
Nous donnons aussi tout pouvoir &
Jurisdiction.

C iiij

Deffendons à nôtredit Grand Voyer ou ſes Commis, de permettre
qu'il ſoit fait aucunes Saillies, Avances, Pans de bois, être aux Bâtimens neufs, & même à ceux où
il y en a à preſent, de contraindre les réedifier ni faite ouvrages
qui les puiſſent conforter, conſerver, & ſoûtenir, ni faire aucun en-
corbellement en avance pour porter aucun mur, pan de bois ou autres choſes en ſaillie, & porter à
faux ſur leſdites ruës, ains faire le
tout continuer à plomb, depuis le
rés de chauſſée tout contremont, &
pourvoir à ce que les ruës s'embel-
liſſent & s'élargiſſent au mieux que
faire ſe pourra: Et en baillant par
luy les allignemens, redreſſera les
murs où il y aura pli ou coude, &
de tout ſera tenu de donner par
écrit ſon Procés verbal de luy ſigné
ou de ſon Greffier, portant l'alignement deſdits Edifices de deux
toiſes en deux toiſes à ce qu'il n'y
ſoit contrevenu; pour leſquels alignemens Nous luy avons ordonné
ſoixante ſols pour Maiſon païable

par les particuliers qui feront faire
lefdites Edifications fur ladite Voyrie, encore qu'il y eut plufieurs alignemens en icelle, n'étant compté
que pour un feul.

Comme auffi Nous défendons à
tous nofdits Sujets de ladite Ville,
Fauxbourgs, Prevôté & Vicomté,
& autres Villes de ce Royaume,
faire aucun Edifice, Pan de mur,
Jambes étrieres, Encoigneures, Caves ny Caval, formes rondes en
Saillie, Sieges, Barrieres, Contre-fe-
nêtres, huis de Caves, Bornes, Pas,
Marches, Sieges, Montoirs à Cheval, Avenuës, Enfeignes, Etablis,
Cages de menuiferie, Chaffis à
verre & autres Avances fur ladite
Voyrie, fans le congé & alignement
de nôtredit Grand Voyer ou defdits
Commis : Pourquoy faire luy avons
attribué & attribuons la fomme de
foixante fols tournois, & aprés la
perfection d'iceux, feront tenus lefdits particuliers d'en avertir ledit
Grand Voyer ou fes Commis, afin
qu'ils recollent lefdits alignemens &
reconnoiffent fi les Ouvriers auront

travaillé suivant iceux, sans toutesfois payer aucune chose pour ledit recollement & confrontation ; & où il se trouveroit qu'ils auroient contrevenu ausdits alignemens, seront lesdits particuliers assignez pardevant ledit Prevost de Paris ou son Lieutenant, pour voir ordonner que la besogne malplantée sera abbatuë, & condamnés en telle amande que de raison, applicable comme dessus.

Deffendons aux Commis de nôtredit Grand Voyer, de prendre aucuns droits pour mettre les Treillis de fer aux fenêtres sur ruës, pourveu qu'ils n'excedent le corps des murs qui seront tirez à plomb, & pour ceux qui sortiront hors des murs payeront la somme de trente sols tournois.

Faisons aussi deffenses à toutes personnes de faire & creuser aucunes Caves sous les ruës : Et pour le regard de ceux qui voudront faire degrés à monter en leurs Maisons, par le moyen desquels les ruës étrecissent, faire Sieges esdites ruës,

Etail ou Auvent, clore ou fermer aucunes ruës, faire planter bornes au coin d'icelles és entrées des Maisons, poser Enseignes nouvelles, ou faire le tout reparer, prennent congé dudit Grand Voyer ou Commis : Pour lesquelles choses faites de neuf, & pour la permission premiere Nous luy avons attribué & attribuons la somme de trente sols tournois pour la visitation d'icelles, & pour celles qu'il conviendra seulement reparer & refaire, la somme de quinze sols tournois : Et où aucuns voudront faire telles entreprises sans lesdites Permissions, le pourra faire condamner en ladite amende de dix livres payable comme dessus, ou plus grande somme, si le cas y échet, & faire abattre lesdites entreprises ; le tout au cas que lesdites entreprises incommodent le public ; Et pour cet effet sera tenu le Commis dudit Grand Voyer se transporter sur les lieux, auparavant que donner la permission & congé de faire lesdites entreprises.

Pareillement avons deffendu &

deffendons à tous nofdits Sujets de jetter dans les ruës eaux ni ordures par les fenêtres de jour ni de nuit, faire Preaux ni aucuns Jardins en faillies aux hautes fenêtres, ni pareillement tenir Fiens, Terreaux, Bois ni autres chofes dans les ruës & voyes publiques plus de vingt-quatre heures, & encore fans incommoder les Paffans ; autrement luy avons permis & permettons de les faire condamner en l'amende comme deffus, auquel Voyer ou Commis Nous enjoignons fe tranf-porter par toutes les ruës, même par les Maîtreffes de quinze en quinze jours, afin de commander qu'elles foient délivrées & net-toyées, & que les Paffans ne puif-fent recevoir aucunes incommodi-tés.

Deffendons auffi à toutes perfon-nes de faire des Eviers plus hauts que le Rez de Chauffée, s'ils ne font couverts jufqu'audit Rez de Chauffée, & même fans la permiffion de nôtredit Grand Voyer, fes Lieu-tenans ou Commis ; pour laquelle permiſſion luy ſera payé trente ſols indiſtinctement tant pour ceux qui ſont au Rez de Chauſſée , que ceux qui ne ſe trouveront audit Rez de Chauſſée.

Ordonnons à nôtredit Grand Voyer ou Commis , de faire crier aux quatre Fêtes annuelles de l'an, de par Nous & de par luy, à ce que les ruës ſoient nettoyées : & outre qu'il ait à ordonner aux Chartiers conduiſant terreaux, gravois & autres immondices , de les porter aux champs, aux lieux deſtinés aux Voiries ordinaires : & au deffaut de luy obéïr ſaiſira les chevaux & harnois des Contrevenans, pour en faire ſon rapport , ſans qu'il puiſſe donner main-levée qu'il n'en ſoit ordonné.

Enjoindra aux Sculpteurs, Charrons, Marchands de bois, & tous autres de retirer & mettre à couvert, ſoit dans leurs Maiſons ou ailleurs, ce qu'ils tiennent d'ordinaire dans les ruës, comme Pierres , Coches , Charrettes, Chariots , Troncs , Pieces de bois & autres choſes qui peuvent

empêcher ou incommoder ledit libre
paſſage deſdites ruës : Comme auſſi
aux Teinturiers, Foulons, Fripiers
& tous autres, de ne mettre ſecher
ſur perches de bois, ſoit és fenêtres
de leurs greniers ou autrement ſur
ruës & voyes, aucuns Draps, Toilles & autres choſes qui peuvent incommoder & offuſquer la vûë deſdites ruës ſur les peines que deſſus : Et ſur les contraventions qu
ſe feront, leſdites deffenſes étan
faites par le Sieur Grand Voyer ou
ſes Commis, ſeront les Contrevenans condamnés en l'amende comm
deſſus.

Voulons & Nous plaît, que ledi
Grand Voyer & ſes Commis ayen
l'œil & connoiſſance du Pavemen
deſdites ruës, Voyes, Quais & Che
mins ; & où il ſe trouvera quelque
Pavés caſſés, rompus ou enlevés
qu'ils les faſſent refaire & rétabli
promptement, même faire l'ouver
ture des Maiſons des Refuſans d'icel
les, aux dépens des Detempteur
deſdites Maiſons, injonction préa
lablement faite auſdits Detempteurs

& prendra garde que le Pavé de neuf
soit bien fait, & qu'il ne se trouve plus haut élevé que celuy de son
voisin.

Deffendons au Commis de nôtredit Grand Voyer de donner aucune permission de faire des Marchés dans les ruës, mais seulement
continuer les anciennes és lieux où
elles n'empêchent le passage.

Ne pourra aussi nôtredit Grand
Voyer ou Commis donner permission d'Auvent plus bas que de dix
pieds à prendre du Rez de Chauffée en amont : & pour ceux qu'il
donnera, ensemble pour les Enseignes luy appartiendra pour les permissions nouvelles trente sols tournois, & pour le changement des Enseignes, refection & changement
d'Auvent, n'en prendra que quinze
sols tournois.

Et d'autant que la plus grande
partie des abus qui se font commis
en ladite Voyrie sont provenus à
cause des permissions que donnent
les Commis d'aucuns Seigneurs
Hauts-Justiciers, tant Laïcs qu'Ec-

clefiaftiques, prétendans avoir droit de Voyrie en nôtredite Ville, Faux-bourgs, Prevôté & Vicomté de Paris, qui n'ont tenu compte, dé-livrant lefdites permiffions, de pren-dre exactement garde fi elles étoient conformes aux Reglemens & Or-donnances faites fur le fait de ladite Voyrie. A cette caufe Nous vou-lons & entendons qu'où il fe trou-vera que lefdits Voyers particuliers ayent cy - devant donné ou don-nent cy - aprés icelles permiffions contre la teneur de nofdits Edits & Ordonnances, ledit Sieur Grand Voyer, fes Lieutenans ou Commis les feront appeller pour les faire condamner à reparer ce qui auroit été mal fait, le tout fans préju-dice defdits Seigneurs & autres pré-tendans droits de Haute-Juftice & Voyrie en nôtredite Ville & Faux-bourgs, lefquels Nous voulons aprés la verification du prefent Regle-meut être appellés à la diligence de nôtre Procureur General, au-quel mandons ainfi le faire, pour eux oüir & les titres qu'ils pro-
duiront

duiront veus & examinés, leur être
pourveu, ainſi que de raiſon.

　Entendons auſſi que ledit Grand
Voyer & ſes Commis en la Ville,
Prevôté & Vicomté de Paris, joüiſſent bien & dûëment, comme les
autres Voyers ont cy-devant joüi,
de tous les autres menus Droits
qui luy ſont attribués par les Titres de ladite Voyrie, Extraits de
nôtre Chambre des Comptes, Treſor & Châtelet de Paris, comme
Chandelles, Gâteaux, Beurre,
Oeufs, Fromage, Figues, Raiſins,
Bouquets, Rozes & pluſieurs autres menus Droits qui ſe cüeillent
& perçoivent par chacun an & jour
& ſaiſons accoûtumées, de ceux
& celles qui étallent & placent ſur
ladite Voyrie, tant és Marchés,
Ruës, Voyes & Places publiques
de nôtredite Ville, Fauxbourgs,
Prevôté & Vicomté de Paris. Tous
leſdits Droits ordonnés être per-
çeus par pluſieurs Arrêts, Sentences & Jugemens donnés, tant par
nôtredite Cour de Parlement, &
les Conſeillers de ladite Juſtice de

D

nôtre Trefor, & par nôtre Prevôt de Paris.

Voulons & Nous plaît que ledit Grand Voyer ou Commis pourvoient des Places vulgairement & anciennement appellées les Places ordonnées par le feu Roy Saint Loüis, être aumônées à pauvres femmes veuves & filles orphelines & à marier, fcizes tant és Halles de Paris, ruë au Feuvre, qu'és environs ; comme auffi de toutes les autres places dépendantes de ladite Voyrie, fcizes tant efdites Halles, Cimetiere Saint Jean, Grand & Petit Châtelet, Marché neuf, Place Maubert & autres lieux & endroits de nôtre Ville & Fauxbourgs de Paris, pour en joüir, comme cy-devant les Voyers en ont joüi bien & dûëment.

Et defirant regler les Droits des Lieutenans ou Commis dudit Sieur Grand Voyer és Generalités de cetuy nôtre Royaume, où ils pourront être établis, ou Voyers particuliers des autres Villes, Bailliages, Prevôtés & Senechauffées, comme n'étant raifonnable avoir les mêmes Droits que ceux de ladite Ville, Pre-

vôté & Vicomté de Paris , tant pour
n'être lefdites Charges de fi grands
frais, auffi qu'elles ne font fi labo-
rieufes & penibles : Ordonnons
qu'iceux ne pourront prendre pour
leurfdits Droits que le tiers de ce que
Nous avons attribué pour ceux de ladite Ville , Prevôté & Vicomté de
Paris , & ce dans les Villes Capitales
de nos Bailliages feulement , és chofes pour lefquelles ils ont accoûtumé
& font en poffeffion de prendre droits.

Lefquels Lieutenans & Commis de
nôtre Grand Voyer , pourront commettre en chacune Ville un Maffon
ou autre perfonne capable, pour donner les alignemens fur ruës , dont le
Nom fera regiftré en la Juftice ordinaire : Le furplus des autres Charges
& fonctions , ledit Commis les fera
en perfonne , en quoy faifant luy
fera obéï , fans qu'il foit befoin de
Sergent pour faire faire lefdites figni-
fications appartenant à fa Charge ,
fauf s'il employe autres gens fous luy,
pour voir les contraventions : auquel
cas feront tenus les Commis des Lieutenans de nôtredit Grand Voyer de

se servir des Sergens ordinaires.

SI DONNONS EN MANDE-MENT à nos amés & feaux Conseillers, les Gens tenans nôtre Cour de Parlement, Baillifs, Senechaux, Prevôts, & à tous autres Juges & Officiers, & à chacun d'eux endroit soy, comme il appartiendra, que ce present ils fassent lire, publier & enregistrer, & le contenu en iceluy entretenir, suivre, garder & observer selon sa forme & teneur, sans souffrir ni permettre qu'il y soit contrevenu en maniere que ce soit, cessant & faisant cesser tous empêchemens au contraire. Et afin que ce soit chose ferme & stable à toûjours, Nous avons fait mettre nôtre Scel à cesdites Presentes. DONNE' à Paris au mois de Decembre l'an de grace 1607. & de nôtre Regne le dix-neuviéme. *Signé*, HENRY. *Et plus bas,* Par le Roy, POTIER. *Et à côté,* Visa. *Et scellées du grand Scel en cire verte, en lacs de soye rouge & verte.*

Regiſtrées, oüy le Procureur General, du Roy, à Paris en Parlement le 14.

Mars 1608. Signé, DU TILLET.

Regiſtrées en la Chambre des Comptes le 19. May 1608. Signé, DE LA FONTAINE.

Regiſtrées au Châtelet le 4. Juin 1608. Signé, REMY.

Regiſtrées en la Chambre du Treſor le 10. Juin 1608.

EXTRAIT
DE L'EDIT
DU ROY
LOUIS XIII.

Portant suppreſſion du Voyer, & Union deſdites fonctions aux Treſoriers de France.

Donné à Paris en Fevrier 1626.

LOUIS, par la grace de Dieu, Roy de France & de Navarre : A tous preſens & à venir, Salut, &c. Nous avons par le preſent Edit perpetuel & irrevocable de l'autorité & pouvoir ſuſdit éteint & ſupprimé, éteignons & ſupprimons leſdites Charges & Offices de Grand Voyer de France, Voyer particulier de Paris y joint & Capitaine defdits Canaux, enfemble les gages & appointemens attribués aufdits Offices, que Nous voulons être ôtés & rayés de nos Etats ; & pour les Droits appartenans aufdits Office & Charge de Voyer de Paris, Nous avons iceux unis & incorporés à nôtre Domaine de ladite Vicomté dudit Paris, duquel ils dépendent, pour être à l'avenir, à commencer du jour & fête de Saint Jean - Baptifte prochain baillés à ferme à nôtre profit de trois en trois ans par les Prefidens & Treforiers Generaux de France de nôtredite Generalité de Paris, les formes en tel cas requifes, gardées & obfervées, & les deniers du prix de ladite Ferme payés és mains des Receveurs de nôtre Domaine de ladite Vicomté, le tout à la charge d'être les pourveus defdits Offices de Grand Voyer, Voyer de Paris & Capitaine defdits Canaux dûëment remboursés & recompensés par Nous du prix & valeur defdits Offices, felon l'eftimation qui en fera faite en nôtre Confeil, dont ils feront payés par les mains du Treforier de nôtre Epargne avant que d'être dépoffedés : & en tant que befoin eft ou feroit, avons ladite Charge & fonction de Grand Voyer attribuée, unie & incorporée aux Charges & Offices defdits Prefidens & Treforiers Generaux de France, chacun pour le Reffort & la Generalité de leurdit Etabliffement, fans qu'ores & à l'avenir elle puiffe être diftraite ni demembrée defdits Offices de Prefident & Treforiers Generaux de France pour quelque occafion que ce foit, ni le nombre defdits Prefidens & Treforiers Generaux de France accrû ni augmenté outre celuy porté par le prefent Edit & les precedens dûëment verifiés.

SI DONNONS EN MANDEMENT à nos amés & feaux Confeillers, les Gens tenans nôtre Cour de Parlement, Chambre de nos Comptes & Cour de nos Aydes à Paris, que le prefent nôtre Edit ils faffent chacun endroit foy, & comme

comme à luy appartiendra , lire, publier & regiſtrer , & le conte-nu en iceluy inviolablement entre-ténir , garder & obſerver , ſans permettre qu'il y ſoit contrevenu, nonobſtant oppoſitions ou appel-lations quelconques, pour leſquel-les & ſans préjudice d'icelles ne voulons être differé ; dont ſi aucu-nes interviennent , Nous avons re-tenu & reſervé à Nous & à nô-tre Conſeil la connoiſſance , & icelle interdite à toutes nos au-tres Cours , Juges , & Officiers quelconques, nonobſtant auſſi tous Edits , Ordonnances , Reglemens & autres choſes à ce contraires , auſquelles & aux dérogatoires des dérogatoires y contenuës , Nous avons dérogé & dérogeons par ceſ-dites Preſentes. CAR tel eſt nô-tre plaiſir : Et afin que ce ſoit cho-ſe ferme & ſtable à toûjours, Nous avons fait mettre & appoſer nôtre Scel à ceſdites Preſentes. DON-NE' à Paris au mois de Fevrier l'an de grace 1526. & de nôtre Re-gne le ſeiziéme. *Signé* , LOUIS.

E

Et plus bas, Par le Roy, DE LOMENIE. *Et à côté*, Visa, & scellé sur lacs de soye rouge & verte.

EXTRAIT DE L'EDIT DU ROY LOUIS XIII.

Donné à Neufchâtel en May 1635.

LOUIS, par la grace de Dieu, Roy de France & de Navarre : A tous presens & avenir, Salut, &c. Voulons que nôtre Edit du mois d'Avril 1627. portant attribution de la Jurisdiction Contentieuse du Domaine & Voyrie à chacun Bureau desdits Presidents & Tresoriers Generaux de France, & nôtre Declaration sur iceluy du 10. Avril 1628. soient executés de point en point, & que les Procureurs postulans creés par ledit Edit, puissent seuls postuler en ladite Jurisdiction Contentieuse, à l'exclusion des Procureurs postulans des autres Sieges & Jurisdictions ;

faisant défenses à nos Cours de Parlement, Baillifs, Senechaux, leurs Lieutenans & autres Juges, d'y apporter aucun trouble ny empêchement; & en interpretant & augmentant le pouvoir desdits Presidens & Tresoriers Generaux de France en ce qui regarde ladite Voyrie, Nous voulons & entendons qu'elle soit par eux exercée & observée en toutes les Villes & lieux de l'étenduë desdites Generalités, tout ainsi qu'elle l'est à present en nôtre Ville, Prevôté & Vicomté de Paris & étenduë de ladite Generalité, tant pour la grande que petite Voyrie, & qu'à cette fin tous lesdits Presidens & Tresoriers Generaux de France joüissent des mêmes droits, profits & émolumens de ladite Voyrie, que ceux dont joüit à present celuy qui est pourveu de la petite Voyrie de Paris; en toutes lesquelles Villes & lieux de l'étenduë desdites Generalités leur sera loisible, si bon leur semble, de commettre personnes capables pour avoir l'œil à ce que ladite Voyrie soit inviolablement observée au bien & utilité pu-

blique, & faisons deffenses tres-ex-
preſſement à tous Juges d'en connoître à peine de nullité, caſſation de
procedures, dépens, dommages &
interêts, & aux Parties de ſe pourvoir
ailleurs que pardevant leſdits Preſidens & Treſoriers Generaux de France à peine de 1000. livres d'amende:
Et pour rendre ledit pouvoir & joüiſ-
ſance deſdits Droits uniformes en
tous leſdits Bureaux, Nous avons
réuni & réuniſſons ladite petite Voyrie de Paris au Bureau des Finances
de ladite Ville; à la charge neanmoins
de rembourſer celuy qui en eſt à preſent pourveu, ſelon qu'il ſera arbitré
au Conſeil. Et d'autant que leſdits
Preſidens & Treſoriers Generaux de
France, &c.

Sı donnons en Mande-
ment à nos amés & feaux Conſeillers, les Gens tenans nôtre Cour de
Parlement, Chambre des Comptes
& Cour des Aydes à Paris, que nôtre
preſent Edit, ils faſſent lire, publier
& enregiſtrer, & le contenu en iceluy inviolablement garder, obſerver
& entretenir, ſans permettre qu'il y

E iij

foit contrevenu, nonobstant oppofitions ou appellations quelconques,
pour lefquelles & fans préjudice d'i-
celles ne voulons être differé, dont fi
aucunes interviennent Nous avons
retenu & refervé, retenons & refer-
vons la connoiffance à Nous & à nôtre Confeil, & icelle interdite à toutes nos Cours, Juges & Officiers,
nonobftant tous autres Edits, Ordonnances, Arrêts & Reglemens, Défenfes, Privileges & autres Lettres à
ce contraires ou données en confequence, aufquelles & aux dérogatoires des dérogatoires y contenuës,
Nous avons dérogé & dérogeons par
cefdites Prefentes. CAR tel eft nôtre
plaifir : Et parce que des Prefentes
on pourra avoir affaire en plufieurs
& divers lieux, Nous voulons qu'aux
Vidimus d'icelles dûëment collationnées par l'un de nos amés & feaux
Confeillers, Notaires, Secretaires,
foy foit ajoûtée comme au prefent
Original, auquel afin que ce foit chofe durable, ferme & ftable à toûjours,
Nous avons fait mettre nôtre Scel,
fauf en autre chofe nôtre droit &

l'autruy en toutes. DONNE' à Neufchâtel au mois de May de l'an de
grace 1635. & de nôtre Regne le 25.
Signé, LOUIS. *Et plus bas,* Par le
Roy, DE LOMENIE. *Et à côté,* Visa,
& scellé du grand Sceau sur lacs de
soye de cire verte.

DECLARATION DU ROY,

Portant Reglement pour les Fonctions & Droits des Officiers de la Voyrie.

Donnée à Rocroy le 16. Juin 1693.

LOUIS, par la grace de Dieu, Roy de France & de Navarre : A tous ceux qui ces presentes Lettres verront, Salut. Nous avons par nôtre Edit du mois de Mars dernier uni la Chambre du Tresor au Bureau des Finances de la Generalité de Paris, & creé entr'autres Officiers quatre nos Conseillers - Commissaires Generaux de la Voyrie, pour chacun dans les quartiers de nôtredite Ville & Faubourgs de Paris qui leur seroient designés, avoir l'inspection & faire leur rapport en nôtredit Bureau de tout ce qui concernera la Grande Voyrie, être presens aux alignemens, & donner toutes les permissions necessaires pour l'appo-

fition & refection des Auvents, Enfeignes & autres dépendances de la
petite Voyrie, auquel effet ils joüiront des Droits dont les Treforiers
de France avoient joüi jufqu'alors,
fuivant le Tarif qui en feroit arrêté
en nôtre Confeil. A quoy voulant
pourvoir, aprés Nous être fait re-
prefenter l'Edit de l'année 1607. portant Création de l'Office de Grand
Voyer, lequel a depuis été réuni
au Corps defdits Treforiers de France, & tous les autres Edits, Declarations & Arrêts de nôtre Confeil
concernant le fait de ladite Voyrie. A ces caufes & autres à ce Nous
mouvans, & de nôtre certaine fcien-
ce, pleine puiffance & autorité Royalle, Nous avons par ces Prefentes
fignées de nôtre main dit & ordonné, difons & ordonnons, voulons
& Nous plaît, que conformément
à nôtre Edit de Création defdits
Commiffaires Generaux de la Voyrie, ils foient établis & faffent leurs
fonctions en la Ville & Fauxbourgs
de Paris, auquel effet elle fera par-
tagée entr'eux en quatre quartiers,

lesquels feront appellés les quartiers
S. Honoré, S. Antoine, S. Victor
& S. Germain, chacun borné &
limité ; fçavoir ceux de S. Victor &
S. Germain par la Riviere de Sei-
ne, y compris les Ifles & les Ponts,
& lefdits deux quartiers entr'eux
par les Ponts au Change & S. Mi-
chel & par les ruës de la Harpe &
d'Enfer : Et à ceux des quartiers S.
Honoré & S. Antoine appartiendra
tout ce qui eft depuis ladite Riviere
jufqu'aux extremités des Fauxbourgs
& feront feparés entr'eux par la ruë
& le Fauxbourg S. Denis & S. La-
zare. Voulons neanmoins que lefdits Commiffaires de ladite Voyrie
faffent bourfe commune des Droits
à eux attribués, à la referve de
ceux qui proviendront des Rapports
pour allignemens & autres chofes
dépendantes de la Grande Voyrie,
dont la moitié appartiendra à ceux
qui les auront faites, & l'autre
moitié fera rapportée à la bourfe
commune : Et pour conferver entr'eux l'uniformité dans leurs fonctions, & un partage égal de leurs

Droits, ils exerceront leurs Charges dans lesdits quatre quartiers, suivant qu'ils leur seront designés par nos Treforiers de France ; & comme le produit de ladite bourfe commune doit fervir à la fubfiftance defdits Commiffaires, Voulons qu'il ne puiffe être faifi pour quelque dette ou par quelque Creancier que ce foit, finon par ceux qui auront privilege fpecial fur leurs Offices. Feront lefdits Commiffaires de la Voyrie, à l'exclufion de tous Experts & de toutes autres perfonnes, toutes les Vifites & Rapports pour raifon des changemens ou tranflations de chemins, ouvertures ou retranchemens de ruës, fuppreffions de plis ou coudes, conftructions de nouvelles clôtures, ou autres dépendances de la Voyrie qui feront ordonnées par nofdits Treforiers de France, fur la requifition des particuliers, ou à la Requête de nôtre Procureur audit Bureau, fans qu'en aucun cas nofdits Treforiers en puiffent commettre d'autres que lefdits Commiffai-

res pour faire lesdits Rapports, même ceux qu'ils feront faire hors
ladite Ville & Fauxbourgs dans
ladite Generalité quand ils en seront requis. Pour les salaires &
vacations desquels rapports qui seront ordonnés par nosdits Tresoriers de France, leur sera payé 7.
livres 10. sols, sçavoir 6. livres
pour leur vacation, & 1. livre 10.
sols pour l'expedition, outre les
Droits ordinaires de la petite Voyrie qui leur seront payés suivant
leur espece, ainsi qu'ils seront designés cy aprés. Et pour ceux qu'ils
feront hors ladite Ville & Fauxbourgs, auront les deux tiers des Vacations desdits Tresoriers de France,
y compris l'expedition. Seront tenus lesdits Commissaires de la Voyrie de donner par chacune semaine
à nôtre Procureur audit Bureau un
Etat des contraventions qu'eux ou
leurs Commis auront trouvé avoir
été faites dans leurs quartiers aux
Edits & Ordonnances de la Voyrie
des années 1607. & 1608. contenant le nom & la qualité des Con-

trevenans, fur lefquels leur fera dé-
livré par nôtredit Procureur un Memoire des Affignations qui feront à
donner à fa Requête, fans que les
Exploits qu'ils feront en confequence foient fujets au Controlle. Et
lorfque fur lefdites Affignations il
fera ordonné un rapport, il fera
payé pour chacun la fomme de 4.
livres 10. fols, fçavoir 3. livres
pour la Vacation, & 1. livre 10.
fols pour l'expedition : Et afin que
nofdits Commiffaires puiffent informer nofdits Treforiers de France
defdites Contraventions, fur lefquelles les Contrevenans auront été
affignés, ils auront entrée & fean-
ce au Bureau des Finances, fur un
banc qui y fera mis à cet effet
prés celuy de nos Avocats & Procureurs &c. aux jours & heures
d'Audiences feulement ; Voulons
que conformément aux Edits, Arrêts & Reglemens de la Voyrie, &
de l'Edit du mois de Mars dernier,
tous les alignemens foient donnés
par nofdits Treforiers de France,
dont les operations feront faites par

noſdits Commiſſaires Generaux, pour leſquels Nous leur avons attribué pour alignement de chacune maiſon la ſomme de 6. livres, ſans que pour une jambe étriere commune entre deux maiſons, ils puiſſent prendre ni percevoir qu'un ſeul droit d'alignement à peine de concuſſion. Faiſons défenſes à tous Particuliers, Maçons & Ouvriers de faire démolir, conſtruire & réedifier aucuns Edifices ou Bâtimens, élever aucuns Pans de bois, Balcons ou Auvents ceintrés, établir travaux de Maréchaux, poſer Pieux ou Barrieres, Etays ou Etreſſillons, ſans avoir pris les alignemens & permiſſions neceſſaires de noſdits Treſoriers de France, à peine contre les Contrevenans de 20. livres d'amende ; pour leſquelles permiſſions d'appoſitions d'Etays, Pieux, Barrieres, travaux de Maréchaux, & Auvents ceintrés, il ſera payé auſdits Commiſſaires de la Voyrie 5. livres. Toutes permiſſions ou Congés pour appoſitions d'Auvens, de Pas, Bornes, Marches, Eviers, Sie-

ges, Montoirs à Cheval, Seüils &
Appuis de Boutiques excedans le
corps des murs, Portes, Huis de
Caves, fermeture de Croisée ou de
Soupirail qui ouvriront sur la ruë,
Enseignes, Etablis, Cages, Montres, Etalages, Comptoirs, Plafonds,
Tableaux, Bouchons, Chassis à verre saillans, Etaux, Dos d'ânes, Rateliers, Perches, Barreaux, Echoppes, Abajours, Auvents montans,
Contrevents ouvrans en dehors &
autres choses faisant avance sur la
voye publique, seront accordées par
nosdits Commissaires de la Voyrie ;
& pour chaque permission il leur
sera payé 4. livres : Ensemble pour
les Boutiques & Echoppes posées de
neuf des Savetiers, Revendeuses,
Fripieres, Bouquetieres, Vendeuses
de Sel, de Moruës, Salines ; & pour
chacunes desquelles Boutiques &
Echoppes il leur sera payé pareil
droit de quatre livres, quoyqu'il y
en ait eu de posés auparavant. Et
pour le rétablissement des choses cy-
dessus exprimées par caducité ou
autrement, ou changement d'icel-

les, il ne leur fera payé que demi droit de quarante fols, & pareil droit pour les petits Auvents & pour les Appuis faillans mis fur les croifées ou fenêtres. Défendons pareillement à tous nofdits Sujets de faire mettre & pofer les chofes cy-deffus, qu'au préalable ils n'en ayent pris defdits Commiffaires la permiffion & payé les droits à peine de dix livres d'amende. Ne feront toutes fois les chofes cy-deffus exprimées, foit qu'elles foient pofées de neuf ou rétablies, fujettes aufdits droits, fi elles n'excedent le nud & corps des murs, ou pans de bois fur lefquels elles feront attachées ou pofées. Joüiront nofdits Commiffaires Generaux de tous les droits utils de la Voyrie, profits & émolumens d'icelle dans toutes les Ruës, Ponts, Paffages, Quais, Halles, Marchés, & autres lieux publics de ladite Ville & Fauxbourgs de Paris, tels qu'en ont joüi ou dû joüir nofdits Treforiers de France en conformité dudit Edit du mois de Decembre mil fix cent fept, &

Arreft

Arreſt de nôtre Conſeil du ſix Septembre mil ſix cent ſoixante &
douze ; & en outre d'un minot de
Francſalé que Nous leur attribuons
à chacun par ces Preſentes. Leur
avons en outre attribué & attribuons l'exemption de logement de
Gens de guerre, Tutelle & Curatelle, enſemble le droit de Com-
mittimus aux Requeſtes de nôtre
Palais, & leur permettons de commettre à l'exercice deſdites Charges, & ſeront leurs Commis tenus
de prêter le ſerment devant noſdits
Treſoriers de France, aprés lequel
ils exerceront leſdites Charges par
commiſſion, tout ainſi & de la même maniere que pourroient faire
noſdits Commiſſaires Generaux. Faiſons défenſes auſdits Commiſſaires
Generaux de la Voyrie ou à leurs
Commis de prendre & percevoir autres & plus grands droits que ceux
cy-deſſus énoncés ſous pretexte de
viſite, congé, & autres cauſes que
ce ſoit, à peine de concuſſion.

SI DONNONS EN MANDE-
MENT à nos amés & feaux Con-

feillers , les Gens tenans nôtre Cour de Parlement à Paris, que ces Prefentes ils ayent à faire lire, publier & regiftrer, & le contenu en icelles garder & obferver de point en point felon fa forme & teneur, fans y contrevenir ni fouffrir qu'il y foit contrevenu en quelque forte & maniere que ce foit: CAR tel eft nôtre plaifir. En témoin de quoy Nous y avons fait mettre nôtre Scel. DONNÉ à Rocroy le feiziéme jour de Juin l'an de grace mil fix cent quatrevingt treize, & de nôtre Regne le cinquante & un. *Signé*, LOUIS. *Et plus bas*, Par le Roy, PHELYPEAUX; Vifa, BOUCHERAT, *& fcellées du grand Sceau de cire jaune.*

Regiftrées , ouy & ce requerant le Procureur General du Roy , pour être executées felon leur forme & teneur , & copie collationnée envoyée au Bureau des Treforïers de France de la Generalité de Paris , pour y être lûes, publiées & enregiftrées : Enjoint aux

Subſtituts dudit Procureur General d'y tenir la main, & d'en certifier la Cour dans huitaine, ſuivant l'Arreſt de ce jour. A Paris en Parlement le vingt-cinquiéme Juin mil six cent quatre-vingt treize. Signé, DuTiL-LET.

EDIT
DU ROY,

Portant Création des Offices de Grands Voyers. Donné à Versailles au mois de Novembre 1697.

Regiſtré en Parlement le 13. Janvier 1698.

LOUIS, par la grace de Dieu, Roy de France & de Navarre : A tous preſens & avenir, Salut. Par nôtre Edit du mois de Mars 1693. Nous avons creé des Offices de nos Conſeillers-Commiſſaires Generaux de la Voyrie de nôtre bonne Ville & Fauxbourgs de Paris, pour y faire les fonctions qui leur ont eſté attribuées, avoir l'inſpection & faire leur rapport en nôtre Bureau des Finances de tout ce qui concerne la grande Voyrie, être preſens aux alignemens, & donner toutes

les permiſſions neceſſaires pour l'ap-
poſition & refection des Auvents,
Enſeignes & autres dépendances de
la petite Voyrie : à l'effet de quoy
Nous avons ordonné qu'ils joüiront
des Droits qui leur ont eſté reglés
par nôtre Déclaration du 16. Juin
de la même année. Depuis ayant
reconnu que l'établiſſement de ces
Officiers eſtoit d'une fort grande utilité pour le bien public ; Nous avons
jugé à propos de pourvoir auſſi aux
abus qui ſe commettent dans toutes les autres Villes de nôtre Royaume ſur le fait de la petite Voyrie ,
& d'en faire exercer les fonctions
dans tous les lieux où la Voyrie
Nous appartient , par les Experts ,
Priſeurs & Arpenteurs Jurés , & les
Greffiers de l'Ecritoire creés par nos
Edits des mois de May, Juillet &
Decembre 1690. & Mars 1696. afin
d'empêcher les conteſtations qui
pourroient ſurvenir entre ces Officiers & ceux qui ſeroient prépoſés
pour l'exercice de la Voyrie , ſi ces
fonctions qui ont beaucoup de rapport entr'elles étoient exercées par

des personnes differentes : & à cet effet Nous avons résolu de supprimer tous les Offices de petits Voyers qui pouroient avoir esté cy-devant creés, à l'exception neanmoins des Commissaires Generaux de la Voyrie, creés par nôtre Edit du mois de Mars 1693. pour nôtre bonne Ville & Fauxbourgs de Paris. A ces causes, de nôtre certaine science, pleine puissance & autorité Royalle, Nous avons par nôtre present Edit perpetuel & irrevocable, éteint & supprimé, éteignons & supprimons tous les Offices de petits Voyers qui pouroient avoir esté cy-devant creés, à l'exception des Commissaires Generaux de la Voyrie, creés & établis en nôtre bonne Ville & Fauxbourgs de Paris par nôtre Edit du mois de Mars 1693. Comme aussi Nous avons revoqué & revoquons tous engagemens, concessions ou attributions qui pouroient avoir esté faits ou donnés par Nous ou par les Rois nos predecesseurs pour l'exercice de la petite Voyrie, sauf aux Engagistes à se pourvoir en nôtre

Conseil pour leur remboursement.
Et de la même autorité que dessus,
Nous avons uni & unissons les fonctions dépendantes de la petite Voyrie à celles attribuées aux Experts,
Priseurs & Arpenteurs Jurés, & aux
Greffiers de l'Ecritoire, creés par nos
Edits des mois de May, Juillet &
Decembre 1690. & Mars 1696. sans
que ceux qui sont pourveus desdits
Offices soient tenus d'obtenir d'autres Lettres de provision, dont en
tant que besoin seroit Nous les avons
dispensé, pour être toutes lesdites
fonctions à l'avenir exercées sous un
seul & même titre d'Office de Voyer,
Expert, Priseur & Arpenteur Juré,
ou de Voyer Greffier de l'Ecritoire,
par ceux qui ont esté cy-devant
pourveus desdits Offices d'Experts,
Priseurs & Arpenteurs Jurés & de
Greffiers de l'Ecritoire, ou qui le seront cy-aprés. Voulons & Nous plaît
qu'à l'avenir les Pourveus desdits Offices exercent à l'exclusion de tous
autres la petite Voyrie dans tous les
lieux où elle Nous appartient sous
l'autorité & la jurisdiction de nos

Conseillers-Tresoriers de France aux Bureaux des Finances de chacune Generalité, & qu'ils joüiffent, lors qu'ils exerceront les fonctions d'Experts, Prifeurs & Arpenteurs Jurés, & de Greffiers de l'Ecritoire, des Droits & Vacations qui leur font attribués par nos Edits des mois de May, Juillet & Decembre 1690. & Mars 1696. & lorfqu'ils feront la fonction de petits Voyers, de ceux qui feront reglés pour raifon de la petite Voyrie, par le Tarif qui en fera arrêté en nôtre Confeil, lefquels Droits de la petite Voyrie leur feront payés en entier conformément audit Tarif, dans les Villes où il y a Cour Superieure, Bureau des Finances, ou Prefidial, & dans celles d'Arles & Marfeille, les trois quarts dans les autres villes du Royaume où il y a Juftice Royalle, & la moitié feulement dans les Bourgs, à la charge par lefdits Experts, Prifeurs & Arpenteurs Jurés, & Greffiers de l'Ecritoire de faire enregiftrer leurs Lettres de Provifions aux Bureaux des Finances,

chacun

chacun dans l'étenduë de sa Generalité, de s'y faire recevoir, & de
payer chacun pour raison desdits Enregistrement & reception ; sçavoir,
par ceux qui sont ou seront établis
dans les Villes où il y a Parlement,
Chambre des Comptes, Cour des
Aydes, ou Bureaux des Finances,
la somme de 15. livres, & 10. livres
par les autres pour tous Droits ge-
nerallement quelconques, sans qu'il
soit necessaire à l'égard de ceux qui
sont actuellement pourveus desdits
Offices, de proceder à une nouvelle
information de leurs vie & mœurs,
dont Nous les avons dispensé, attendu leur premiere reception. Faisons tres-expresses inhibitions & défenses à toutes personnes de quelque qualité ou condition qu'elles
puissent être, d'entreprendre sur les
fonctions attribuées ausdits Voyers,
Experts, Priseurs & Arpenteurs Jurés, & Voyers, Greffiers de l'Ecritoire, à peine de 1500. livres d'a-
mende, & de tous dépens, dommages & interêts. Voulons en outre
que lesdits Voyers, Experts, Pri-

feurs & Arpenteurs Jurés, & Voyers Greffiers de l'Ecritoire, foient maintenus & confirmés dans la joüiffance des Privileges & Exemptions qui leur font attribués par lefdits Edits des mois de May, Juillet & Decembre 1690. & Mars 1696. & qu'ils faffent entr'eux bourfe commune de la moitié des Droits provenans de la petite Voyrie dans les Villes & lieux de leur Etabliffement, & du tiers feulement hors les Villes & Fauxbourgs, fans que ladite bourfe commune puiffe être faifie fous quelque pretexte que ce puiffe être, fi ce n'eft par ceux qui leur auront prêté leurs deniers pour la Finance qu'ils Nous auront payée. Ordonnons que pour raifon de ladite attribution de la petite Voyrie, lefdits Experts, Prifeurs & Arpenteurs Jurés, & Greffiers de l'Ecritoire, qui font actuellement pourveus defdits Offices, feront tenus de Nous payer les fommes aufquelles ils feront modérement taxés, par les Rolles qui en feront arrêtés en nôtre Confeil, & les 2. fols pour livres d'icelles. Sçavoir, le principal fur les Recepiffés de Maître Auguftin Bonnel que Nous avons commis pour en faire le recouvrement, fes Procureurs & Prepofés, portant promeffe d'en fournir les Quittances du Treforier de nos revenus cafuels, & les deux fols pour livres fur leurs fimples Quittances ; au payement defquelles fommes ils feront contraints comme pour nos propres deniers & affaires, au moyen de quoy Nous les avons difpenfé & difpenfons de l'établiffement des Offices de Treforiers des bourfes communes creés par nôtre Edit du mois d'Aouft 1696. N'entendons préjudicier par nôtre prefent Edit aux Seigneurs Hauts-Jufticiers qui ont droit de Voyrie dans l'étenduë de leur Juftice, dans laquelle Nous les avons maintenus & confirmés, fans qu'ils puiffent y être troublés ni inquiettés pour quelque caufe & fous quelque pretexte que ce puiffe être. SI DONNONS EN MANDEMENT à nos amez & feaux Confeillers, les Gens tenans nôtre Cour de Parlement de Rennes, que le preſent Edit ils ayent à faire lire, publier & enregiſtrer, & le contenu en iceluy faire executer ſelon ſa forme & teneur, nonobſtant tous Edits, Déclarations, Reglemens & autres choſes à ce contraires, auſquels Nous avons dérogé & dérogeons par ledit preſent Edit. C A R tel eſt nôtre plaiſir. Et afin que ce ſoit choſe ferme & ſtable à toûjours, Nous y avons fait mettre nôtre Scel. D O N N E′ à Verſailles au mois de Novembre l'an de grace mil ſix cent quatre-vingt dix-ſept, & de nôtre Regne le cinquante-cinquiéme. *Signé*, L O U I S. *Et plus bas*, Par le Roy, C O L B E R T. Viſa, B O U C H E R A T; Veu au Conſeil, P H E L Y P E A U X, & ſcellé.

EXTRAIT DES REGISTRES
de Parlement.

*L*Eu, *publié, & enregiſtré en l'Audiance publique de la Cour, oüi & ce requerant le Procureur General du Roy, pour avoir effet ſuivant la* *volonté du Roy. Ordonne ladite Cour qu'à la diligence dudit Procureur Ge- neral, Copies des Presentes seront en- voyées és Sieges Presidiaux & Royaux de ce Ressort, pour y être leuës, & pu- bliées, à ce que personne n'en ignore. Fait en Parlement à Rennes le treizié- me Janvier mil six cent quatre-vingt dix-huit. Signé, PICQUET.*

TARIF

Des Droits que le Roy veut & ordonne être payés aux Voyers, Experts, Priseurs & Arpenteurs Jurés, & aux Voyers, Greffiers de l'Ecri- toire, pour raison de la pe- tite Voyrie, en execution de l'Edit des presens mois & an.

POUR chaque Permission ou Congé pour apposition d'Au- vents, de Pas, Bornes, Marches, Eviers, Sieges, Montoirs à Che-

val, Seüils & Appuis de Boutiques excedans le corps des murs,
Portes, Huis de Caves, Ferme-
tures de Croifées & de Soupi-
raux, qui ouvriront fur la ruë,
Enfeignes, Etablis, Cages, Montres, Etalages, Comptoirs, Plafonds, Tableaux, Bouchons,
Chaffis à verre faillans, Etaux,
Dos d'ânes, Rateliers, Perches,
Batteaux, Echoppes, Abatjours,
Auvents montans, Contrevents
ouvrans en dehors, & autres
chofes faifant avance fur la voye
publique; Sçavoir,

Dans les Villes où il y a Cour
Superieure, Bureau des Finances, ou Prefidial, & dans celles d'Arles & Marfeille, 26. f.
8. den.
Dans les autres Villes où il y a Juftice Royalle, 20. f.
Et dans les Bourgs, 13. f. 4. d.

Pour chaque Boutique & Echoppe
pofée de neuf des Savetiers,
Revendeufes, Tripieres, Bou-

quetieres , Vendeuſes de Sels de Moluës, & Salines ; Sçavoir ,

Dans les Villes où il y a Cour Superieure , Bureaux des Finances , ou Preſidial , & dans celles d'Arles & Marſeille , 26. ſols 8. den.

Dans les autres Villes où il y a Juſtice Royale ,   20. ſ.

Et dans les Bourgs ,   13. ſ. 4. d.

Pour les petits Auvents , & pour les Appuis ſaillans mis ſur les Croiſées ou Fenêtres ; Sçavoir ,

Dans les Villes où il y a Cour Superieure , Bureaux des Finances , ou Preſidial , & dans celles d'Arles & Marſeille , 13. ſols 4. den.

Dans les autres Villes où il y a Juſtice Royalle.   10. ſols.

Et dans les Bourgs ,   6. ſ. 8. d.

Et pour le rétabliſſement ou changement des choſes cy-deſſus, la moitié ſeulement des Droits fixés par le preſent Tarif.

G iiij

Fait & arrêté au Conseil Royal des Finances tenu à Versailles le dix-neuviéme jour de Novembre mil six cent quatre-vingt dix-sept. Collationné. Signé, DE LAISTRE.

EDIT
DU ROY,

Portant Création de deux Conseillers - Treforiers de France en Bretagne, avec attribution de la connoiffance de la grande & petite Voyrie, privativement à tous autres Juges. Donné à Verfailles au mois de Decembre 1704.

Regiftré en Parlement le 12. Janvier 1705.

LOUIS, par la grace de Dieu, Roy de France & de Navarre : A tous prefens & à venir, Salut. L'attention que Nous avons toûjours donnée au bon ordre des affaires de nos Domaines, & Finances Nous porta à augmenter par l'Edit du mois d'Avril 1694. le nombre des Treforiers Generaux de France dans nôtre Province de Bretagne, & de les établir en Corps de Bureau comme dans toutes les autres Provinces & Generalités de nôtre Royaume ; mais ayant efté depuis informé qu'une grande partie des fonctions attribuées aux Officiers dudit Bureau avoit efté auparavant accordée à la Chambre des Comptes de nôtredite Province, & qu'elle en étoit en poffeffion immemorialle ; que d'ailleurs les Officiers de nos Juftices de ladite Province souffroient par l'établiffement dudit Bureau une diminution confiderable dans leurs revenus & dans les attributions de leurs Offices, étant privés des affaires concernant nos Domaines, dont ils font les Juges naturels : Nous jugeâmes à propos de fupprimer ledit Bureau des Finances par l'Edit du mois de Septembre 1700. & de rétablir les deux anciens Treforiers de France, Generaux de nos Finances dans ladite Province, en leurs Offices que Nous avions commués en ceux de Prefi-

dens dudit Bureau, depuis lequel
temps ils ont repris leurs anciennes
fonctions ; mais elles se trouvent si
considerables, & d'une si grande
étenduë, que Nous sommes instruits
que non-seulement une partie leur
en est contestée, telle que la connoissance de la grande & petite Voyrie, sous pretexte que pour faire
une procedure reguliere ils sont obligés d'appeller les Substituts de nôtre Procureur General, lorsqu'ils
sont requis de faire des descentes
sur les lieux ; mais aussi que quelque application qu'ils donnent à
leurs fonctions ils ne peuvent pas
les remplir toutes avec l'exactitude
que demandent le bien de nôtre
service, & le soulagement de nos
Sujets : A quoy desirant pourvoir.
A ces causes & autres à ce Nous
mouvans, de nôtre certaine science,
pleine puissance & autorité Royale,
Nous avons par le present Edit perpetuel & irrevocable creé & erigé,
créons & erigeons en titre d'Office
formé ; sçavoir, deux nos Conseillers-Tresoriers de France, Generaux

de nos Finances en Bretagne , un
nôtre Procureur , un Subſtitut de
nôtre Procureur , un Greffier Receveur de leurs Vacations , quatre
petits Voyers & deux Huiſſiers Col-
leċteurs des Finances , pour faire
avec les deux cy - devant creés le
nombre de quatre ; attribuons auſdits deux Treſoriers de France Generaux de nos Finances , creés par
le preſent Edit , les mêmes fonċtions,
gages & autres Droits & Privileges
dont joüiſſent les deux Treſoriers de
France , Generaux de nos Finances
établis dans nôtredite Province , &
entr'autres la connoiſſance en premiere inſtance , & privativement
à tous autres Juges , même de nos
Juriſdiċtions ordinaires Royales , de
la grande & petite Voyrie dans l'é-
tenduë de nôtredite Province ; à
l'effet de quoy & dans les cas où il
écheoira de le faire , l'un des quatre
petits Voyers creés par le preſent
Edit ſera tenu ſur les Ordonnances
deſdits Treſoriers de France , Generaux de nos Finances , de deſcendre
ſur les lieux pour prendre les ali-

gnemens, & en dreſſer leurs Procés verbaux ; ordonnons que deux
Treſoriers de France, Generaux de
nos Finances, alternativement feront leur reſidence dans la ville de
Nantes, pendant que les deux autres feront les chevauchées ordinaires dans nôtredite Province, & les
adjudications des Baux, des Octrois
des Villes & Communautés où il y
en a, les Droits & Taxations deſ-
quels Nous avons fixé à un ſol pour
livre du montant du prix des Baux
deſdits Octrois, au lieu des ſix deniers reglés par l'Arreſt du Conſeil
du 18. Juin 1688. & l'Edit du mois
de Septembre 1700. pour être ledit
ſol partagé entr'eux : Attribuons à
nôtredit Procureur 300. liv. de gages, au Subſtitut 150. liv. & en outre les deux tiers des Vacations deſdits Treſoriers de France, Generaux
de nos Finances, dans les affaires
où il échoira d'en prétendre : auſdits
quatre petits Voyers chacun 100.
livres de gages effectifs : auſdits deux
Huiſſiers - Collecteurs des Finances
chacun 50. livres, & au Greffier les

400. livres dont il est fait fond par nôtre Etat expedié pour les Finances de ladite Province sous le titre d'écriture de ladite Generalité : Attribuons en outre audit Greffier l'expedition des Baux desdits Octrois, à raison de six deniers pour livre payables par l'Adjudicataire desdits Octrois, à la charge par ledit Greffier d'en faire deux Copies signées par luy & expediées en forme, dont l'une sera délivrée aux Greffiers des Communautés, & l'autre à l'Adjudicataire, & les Vacations pareilles à celles que lesdits Tresoriers de France, Generaux de nos Finances pourront prendre pour les Procés verbaux qu'ils feront obligés de faire, à condition par ledit Greffier d'en délivrer la premiere expedition sans frais ; desquels gages attribués ausdits deux Tresoriers de France, Generaux de nos Finances, audit nôtre Procureur, audit Substitut & à chacun desdits Huissiers & petits Voyers, il sera fait fond dans nos Etats, conjointement avec ceux des deux anciens Generaux de nos Fi-

nances : Voulons que lefdits Treforiers de France, Generaux de nos
Finances creés par le prefent Edit,
foient admis à l'annuel fur le même
pied que ceux d'ancienne Creation,
& nôtredit Procureur & fon Subftitut à raifon de l'évaluation que Nous
en ferons arrêter en nôtre Confeil,
& que lefdits Greffiers, petits Voyers
& Huiffiers joüiffent de leurs Offices à titre d'heredité. Avons accor-
dé & accordons aufdits deux Treforiers de France, Generaux des Finances, creés par le prefent Edit,
les Privileges attribués par les Roys
nos Predeceffeurs aux deux anciens
Treforiers de France, Generaux de
nos Finances, & l'entrée dans l'Affemblée des Etats de nôtredite Province, avec pareille fomme de 3000.
livres, qui eft attribuée aufdits deux
anciens Treforiers de France, Generaux de nos Finances, par le Reglement general fait par les Etats
le 11. Octobre 1687. fur la ferme
du grand devoir ; enfemble l'exemption de Tutelle, Curatelle, & Nomination à icelles ; lefquels Privile-

ges d'exemption de Tutelle, Curatelle & Nomination à icelles, Nous
avons pareillement attribué aufdits
Procureur pour Nous, Subftitut,
Greffier, petits Voyers & Huiffiers-
Collecteurs des Finances creés par
le prefent Edit; aufquels Offices
creés par le prefent Edit, il fera par
Nous pourveu fur les Quittances du
Treforier de nos Revenus Cafuels
de la Finance, qui fera par Nous
fixée pour lefdits Offices, & fur celles du marc d'or; Voulons que ceux
qui prêteront leurs deniers pour ac-
querir lefdits Offices ayent privilege fpecial fur lefdits Offices, auquel
effet mention en fera faite dans les
Quittances de Finance qui leur feront expediées par les Treforiers de
nos Revenus Cafuels.

SI DONNONS EN MANDE-
MENT à nos amés & feaux, les
Gens tenans nôtre Cour de Parlement à Rennes, que le prefent Edit
il faffent lire, publier & regiftrer,
& le contenu en iceluy garder &
obferver felon fa forme & teneur.
Nonobftant tous Edits, Declarations,

tions, Arrefts, Reglemens & autres
chofes à ce contraires, aufquelles
Nous avons dérogé & dérogeons
par le prefent Edit ; aux Copies
duquel collationnées par l'un de nos
amés & feaux Confeillers-Secretai-
res, Voulons que foy foit ajoûtée
comme à l'Original. CAR tel eft
nôtre plaifir : Et afin que ce foit
chofe ferme & ftable à toûjours,
Nous y avons fait mettre nôtre Scel.
DONNE' à Verfailles au mois de
Decembre, l'an de grace 1704. & de
nôtre Regne le 62e. *Signé*, LOUIS.
Et plus bas, Par le Roy, COLBERT,
Vifa, PHELYPEAUX : Veu au Confeil, CHAMILLART, *& fcellé.*

EXTRAIT DES REGISTRES
de Parlement.

*L*Eu & publié à l'Audience publique de la Cour, & enregiftré au
Greffe d'icelle oüy & le requerant le
Procureur General du Roy, pour avoir
effet felon la volonté de Sa Majefté :
Ordonne ladite Cour, qu'à la diligence
dudit Procureur General du Roy Copies

dudit Edit feront envoyées aux Sieges Prefidiaux & Royaux de ce Reffort, pour y être à la diligence de fes Subftituts pareillement lûës & publiées, à ce que perfonne n'en ignore. Fait en Parlement à Rennes le 12. Janvier 1705. Signé, PICQUET.

DECLARATION DU ROY,

Concernant les fonctions des Treforiers Generaux des Finances de Bretagne. Donnée à Marly le 12. May 1705.

Regiftrée en Parlement le 12. Juin 1705.

LOUIS, par la grace de Dieu, Roy de France & de Navarre : A tous ceux qui ces prefentes Lettres verront, Salut. Nous avons par nôtre Edit du mois de Decembre dernier creé deux nos Confeillers-Treforiers de France, Generaux de nos Finances en nôtre Province de Bretagne, un nôtre Procureur, un Subftitut de nôtre Procureur, un Greffier - Receveur de leurs Vacations, quatre petits Voyers, & deux Huiffiers-Collecteurs de nos Finances, pour faire avec les deux Tresoriers de France actuellement établis en ladite Province le nombre de quatre; mais les fonctions desdits Officiers ne paroissant pas suffisamment expliquées par ledit Edit, Nous avons jugé à propos pour prévenir toutes les contestations qui pouroient être faites à ceux que Nous avons pourveu desdits Offices aprés qu'ils Nous en auront payé la Finance, de les expliquer plus directement; & d'ailleurs les deux anciens Generaux des Finances de nôtredite Province, Nous auroient tres-humblement fait remontrer que Nous avons attribué au Greffier creé par ledit Edit 400. livres de gages, au payement desquels Nous avons destiné pareille somme de 400. liv. dont l'employ est fait dans l'état des Finances de nôtredite Province, & dont ils joüissent en consideration des projets d'Etats de nos Domaines, Bois & Finances qu'ils envoyent par chacun an en nôtre Conseil, ce qui ne seroit pas juste qu'ils fissent à leurs frais; & ils Nous auroient

supplié de leur continuer le payement de ladite somme ; comme aussi
de leur accorder par forme d'indemnité , en consideration du préjudice
que leur apporte la Creation desi-
dits deux nouveaux Tresoriers de
France quelque diminution sur leur
annuel qui est de 891. livres, ce qui
est excessif par rapport à ce que
payent d'annuel tous les autres Tresoriers de France du Royaume, même ceux de nôtre Generalité de Paris. A ces causes & autres à ce Nous
mouvans , & de nôtre certaine
science, pleine puissance & autorité
Royale , Nous avons par ces Presentes signées de nôtre main, dit &
ordonné , disons & ordonnons , voulons & Nous plaît que la somme
de 400. livres employée jusqu'à
present dans les états des Finances
de la Recette generale de nôtre
Province de Bretagne , sous le nom
des deux Tresoriers de France réta-
blis par nôtre Edit du mois de Septembre 1700. pour écritures & frais,
y soit continuée à l'avenir & par-
tagée entre lesdits deux anciens Tre-

foriers de France, & ceux creés par
nôtredit Edit du mois de Decembre
dernier : Et attendu que ladite fomme avoit efté deftinée par ledit Edit
pour le payement des gages du
Greffier defdits Treforiers de France , Voulons qu'il foit en outre fait
fond dans lefdits Etats de pareille
fomme de 400. livres pour les gages dudit Greffier ; comme auffi que
l'annuel defdits deux anciens Treforiers de France foit & demeure
réduit à la fomme de 600. livres,
les déchargeans du furplus par forme d'indemnité, à caufe de la Creation des deux nouveaux Treforiers
de France dont l'annuel fera & de-
meurera fixé à la fomme de 300.
livres , celuy du Procureur pour
Nous à 75. livres , & celuy de fon
Subftitut à 30. livres. Ordonnons
que pour tenir les Affemblées defdits Officiers il leur fera inceffamment par Nous defigné un logo-
ment le plus convenable que faire
ce pourra dans nôtre ville de Nantes. Joüiront tant lefdits deux anciens que les deux nouveaux Trefo-

-riers de France creés par ledit Edit,
ensemble le Procureur pour Nous,
de tous les privileges & exemptions
dont joüiſſent les autres Treſoriers
de France, Generaux de nos Finances des Generalités de nôtre Royaume, à l'exception de la Nobleſſe
au premier degré que Nous avons
attribuée en particulier à ceux du
Bureau de nos Finances de la Generalité de Paris par nôtre Edit du
mois d'Avril dernier, à la charge
par leſdits deux anciens Treſoriers
de France de Nous payer pour l'attribution de ceux deſdits Privileges
dont ils ne joüiſſent pas, même pour
la reduction de l'annuel à 600. liv.
les ſommes pour leſquelles ils ſeront employés dans le Rolle, qui
ſera à cet effet arrêté en nôtre Conſeil : Joüiront auſſi les Subſtituts de
nôtredit Procureur pour Nous & le
Greffier, creés par ledit Edit du
mois de Decembre dernier, des Privileges & exemptions dont joüiſſent
les Subſtituts & Greffiers des autres
Bureaux de nos Finances : Voulons
conformement audit Edit que leſdits

Treforiers de France ayent la connoiſſance en premiere inſtance, &
privativement à tous autres Juges,
même à ceux de nos Juriſdictions
de la grande & petite Voyrie dans
l'étenduë de nôtredite Province, &
qu'à cet effet l'Arreſt de nôtre Conſeil donné en forme de Reglement
le 21. Fevrier 1690. pour les fonctions des Generaux des Finances
de ladite Province, ſoit executé à
leur égard de même qu'il l'auroit pû
être par leſdits Treſoriers de France
ſupprimés par nôtre Edit du mois
de Septembre 1700. Joüiront leſdits anciens & nouveaux Treſoriers
de France, du ſol pour livre que
Nous leur avons attribué par Edit
du mois de Decembre dernier ſur
le prix des Baux des Octrois des
Villes & Communautés de ladite
Province, & ledit Greffier des ſix
deniers auſſi attribués à ſon Office
par ledit Edit, & ce nonobſtant
que les Adjudications deſdits Octrois ſoient faités par les Sieurs In-
tendans de ladite Province commis
par Nous à cet effet, ſans neanmoins

moins qu'ils puissent prétendre lesdits Droits de sol & six deniers pour livre sur les Octrois qu'il Nous plaira accorder cy-aprés aux Villes & Communautés de nôtredite Province pour un temps, & pour des dépenses passageres, & ne pouront lesdits Baux être faits que pour trois années; & en cas qu'il soit jugé à propos par l'Intendant de ladite Province, lorsque Nous l'aurons commis, de faire des Baux desdits Octrois pour un plus grand nombre d'années, ledit sol pour livre sera payé à proportion : Voulons que le Greffier-Receveur des Epices & Vacations desdits Tresoriers de France créé par nôtre Edit du mois de Decembre dernier, joüisse des deux sols pour livre des Epices & Vacations, de même qu'en joüissent les Receveurs des Epices de nôtre Royaume : Comme aussi que les quatre Voyers creés par nôtre Edit fassent les fonctions & joüissent de tous les Droits & Emolumens cy-devant attribués aux Offices de petits Voyers que Nous avions creés par nôtre

I

Edit du mois de Novembre 1697. Et fera au furplus nôtredit Edit du mois de Decembre dernier executé felon fa forme & teneur en ce qui n'y eft point derogé par ces Prefentes : Voulons qu'en attendant la vente defdits Offices, Claude Charpentier par Nous chargé du recouvrement des deniers qui proviendront de la vente defdits Offices, joüiffe des gages, droits & emolumens y attribués fur fes fimples Quittances ou celles de fes Procureurs & Commis, & feront lefdits gages & droits paffés dans la dépenfe de ceux qui en auront fait le payement, en rapportant Copie collationnée des prefentes & lefdites Quittances.

SI DONNONS EN MANDEMENT à nos amés & feaux, les Gens tenans nôtre Cour de Parlement à Rennes, que ces Prefentes ils ayent à faire lire, publier & regiftrer, & le contenu en icelles garder & obferver felon fa forme & teneur; nonobftant tous Edits, Declarations, Arrefts, Reglemens

& autres choses à ce contraires, ausquelles Nous avons dérogé & dérogeons par ces Presentes; aux Copies desquelles collationnées par l'un de nos amés & feaux Conseillers-Secretaires, Voulons que foy soit ajoûtée comme à l'Original. CAR tel est nôtre plaisir : En témoin de quoy Nous avons fait mettre nôtre Scel à cesdites Presentes. DONNE' à Marly le douziéme jour de May, l'an de grace 1705. & de nôtre Regne le 62e. *Signé*, LOUIS. *Et plus bas*, Par le Roy, COLBERT. Veu au Conseil, CHAMILLART, *& scellé.*

EXTRAIT DES REGISTRES
de Parlement.

*L*Euës & publiées à l'Audience publique de la Cour, & enregistrées au Greffe d'icelle, oüy & ce requerant le Procureur General du Roy, pour avoir effet selon la volonté de Sa Majesté : Ordonne ladite Cour, que Copies seront envoyées aux Sieges Presidiaux & Royaux de ce Ressort,

pour à la diligence des Substituts dudit Procureur General du Roy, y être
pareillement lûës & publiées, à ce
que personne n'en ignore. Fait en
Parlement à Rennes le douziéme jour
de Juin 1705. Signé, PICQUET.

EXTRAIT
DES REGISTRES
DU CONSEIL
D'ETAT.

Du 28. Septembre 1706.

SUR la Requeste presentée au Roy en son Conseil par Claude Charpentier, chargé par *Sa Majesté* du recouvrement de la Finance qui doit prevenir de la vente des Offices de Generaux des Finances & autres, creés par l'Edit du mois de Decembre 1704. contenant que bien que par divers Edits, Declarations, Arrests & Reglemens la connoissance de la grande & petite Voyrie appartienne aux Tresoriers de France & Generaux des Finances dans l'étenduë de leur Ressort ; cependant les Officiers de la ville de Nantes, & le Sieur Charles Valleton faisant les fonctions de Juge de Police de ladite Ville, firent prendre de concert dans une Affemblée tenuë le huitiéme jour de Mars 1696. une déliberation qui attaque directement le droit defdits Generaux des Finances, en ce qu'elle contient des difpofitions concernant la Voyrie ; ils la firent homologuer par Arreft du Parlement de Rennes du 24. Mars audit an, & ledit Valleton, qui a depuis efté pourveu de l'Office de Lieutenant General de la Police de ladite Ville, s'en eft fait renvoyer l'execution par autre Arreft du Parlement de Rennes du 9. Juillet 1704. les deux anciens Generaux des Finances en Bretagne ayant efté avertis de cette entreprife, prirent la réfolution de fe pourvoir au Confeil de Sa Majefté pour y demander la caffation de ladite Déliberation, enfemble des Arrefts du Parlement qui l'ont homologué, comme étant le tout attentatoire à la difpofition des Edits & Reglemens du Confeil rendus fur le fait de la Voyrie. Cette Déliberation contient fix articles, dont il y en a quatre qui bleffent lefdits Generaux des Finan-

ces ; le premier porte que les habitans de Nantes ne conftruiront aucunes Trapes ni foüillemens en terre
fous la ruë, & qu'ils bâtiront à
plomb fans aucune faillie ; le troi-
fiéme, que les habitans feront tenus d'ôter les Abavents qui font au
bas de leurs Maifons ; le cinquiéme, que les Proprietaires des Maifons qui rendent le bout des ruës
impraticables aux Caroffes & Charettes, feront obligés de les retrancher d'un pied pour la liberté du
paffage ; & le fixiéme, défend d'attacher au dehors à l'avenir les Volets des fenêtres donnant fur la ruë.
Or il ne faut que comparer ces articles aux Edits & Déclarations rendus en faveur des Voyers, pour connoître evidemment que leurs difpofitions concernent precifément l'e-
xercice de la Voyrie. Il ne faut auffi
que jetter les yeux fur l'Edit du mois
d'Octobre 1699. portant Creation
des Lieutenans de Police, pour voir
que Sa Majefté ne leur attribuë la
connoiffance d'aucuns des faits dont
il eft parlé dans les quatre articles

I iiij

de cette Déliberation : Ces motifs
ont déterminé le Conseil du Roy de
permettre par l'Arrest du 2. Decembre 1704. aux anciens Generaux des
Finances , d'assigner ledit Valleton
Lieutenant General de Police de
Nantes , & le Sieur Ducassia Procureur du Roy , pour proceder sur les
fins de la demande en cassation des
Arrests du Parlement de Rennes des
24. Mars 1696. & 9. Juillet 1704.
Depuis il est arrivé que Sa Majesté
ayant esté informée de cette contestation , elle auroit attribué aux
Tresoriers Generaux des Finances
de Bretagne la connoissance en premiere instance & privativement à
tous autres Juges , même à ceux des
Jurisdictions ordinaires & Royales
de la grande & petite Voyrie dans
l'étenduë de ladite Province par
l'Edit du mois de Decembre 1704.
portant Création de deux Generaux
des Finances , un Procureur du Roy,
un Substitut dudit Procureur , un
Greffier , quatre petits Voyers , &
deux Huissiers , laquelle attribution
a depuis été confirmée par la De-

claration du 12. May 1705. portant que les quatre petits Voyers creés par ledit Edit, feront les fonctions & joüiront de tous les droits & emolumens qui ont été attribués ausdits Offices. Aprés une attribution aussi formelle, les deux anciens Generaux des Finances en Bretagne ont rendu leur Ordonnance le 7. Septembre 1705. touchant l'entretien & refection du Pavé des ruës, dont les habitans font chargés, & autres matieres de la grande & petite Voyrie. D'un autre côté ledit Valleton, pour éluder l'execution de l'Edit du mois de Decembre 1704. & Declaration du 12. May 1705. a presenté Requeste au Parlement de Rennes, sur laquelle par Arrest du 15. Septembre 1705. on luy a permis d'appeller lesdits Generaux des Finances, tant au sujet de la connoissance de l'entretien & refection des Pavés de la ville & fauxbourgs de Nantes, qu'autres matieres de la Voyrie : ce qui a mis lesdits Generaux des Finances dans la necessité d'assigner au Conseil lesdits Valle-

ton & Ducaffia par Exploit du 21.
Septembre 1705. en vertu de l'Arreft du 2. Decembre 1704. rendu
au Confeil où l'Inftance eft pen-
dante actuellement au rapport du
Sieur Turgot, dans laquelle lefdits
Generaux des Finances demandent
à être maintenus dans le droit qu'il
a plû au Roy de leur attribuer de
connoître privativement à tous autres Juges, de la grande & petite
Voyrie, dont les Saillies, Avances,
entretien & refection du Pavé des
ruës fait partie; & lefdits Valleton
& Ducaffia demandent leur renvoy
au Parlement de Bretagne en vûë
d'eloigner leur condamnation & de
perpetuer ce procés. Et comme la
décifion fufpend la vente des Offices de Procureur du Roy, Greffier,
Voyers & autres creés en Bretagne
par l'Edit du mois de Decembre
1704. & empêche Sa Majefté de
retirer l'avantage qu'elle s'étoit propofé de la vente defdits Offices:
A ces caufes, requeroit le Sup-
pliant qu'il plût à Sa Majefté ordonner que les Treforiers de Fran-

ce Generaux des Finances en Bretagne, connoîtront en conformité de l'Edit du mois de Decembre 1704. & Déclaration du 12. May ensuivant, des Saillies, Avances, & de l'entretien & refection du Pavé dans les ruës & toutes autres matieres concernant la grande & petite Voyrie ; faire défenses ausdits Valleton & Ducassia de les y troubler à peine de mille livres d'amende, & de tous dépens, dommages & interêts. Veu ladite Requeste & les pieces justificatives : Ouy le rapport du Sieur Fleuriau d'Armenonville Conseiller ordinaire au Conseil Royal, Directeur des Finances. Le Roy en son Conseil ayant égard à ladite Requeste, a ordonné & ordonne que l'Edit du mois de Decembre 1704. & la Declaration du 12. May suivant seront executés selon leur forme & teneur, & en consequence a maintenu & gardé, maintient & garde les Tresoriers de France Generaux des Finances en Bretagne en la connoissance en premiere

inſtance , & privativement à tous
autres Juges de tout ce qui concerne la grande & petite Voyrie.
Fait Sa Majeſté défenſes auſdits
Valleton & Ducaſſia de les y troubler , à peine de tous dépens
dommages & intereſts , & de s'y
immiſcer à l'avenir, ſans préjudice
de l'execution du Reglement du Bureau de Police de la Ville de Nantes , homologué par les Arreſts du
Parlement de Rennes des vingt-quatre Mars mil ſix cent quatre-vingt-
ſeize, & neuf Juillet mil ſept cent
quatre , leſquels ſeront executez en
ce qui ne ſe trouvera contraire audit Edit & Declaration, & au preſent Arreſt. Fait au Conſeil d'Etat
du Roy tenu à Verſailles le vingt-
huitiéme jour de Septembre mil ſept
cent ſix. Collationné. Signé, R A N
C H I N.

L OUIS, par la grace de Dieu
Roy de France & de Navarre
Au premier nôtre Huiſſier ou Ser-
gent ſur ce requis , Salut : Nous

ze mandons & commandons que l'Arreſt dont l'Extrait eſt cy - attaché ſous le Contre-Scel de hôtre Chancelerie, ce jourd'huy donné en nôtre Conſeil d'Etat, ſur la Requeſte à Nous preſentée en iceluy par Claude Charpentier, par Nous chargé du recouvrement de la Finance qui doit provenir de la vente des Offices de Generaux de nos Finances & autres, creés par nôtre Edit du mois de Decembre mil ſept cent quatre, tu ſignifie aux y dénommez & tous autres qu'il appartiendra, à ce qu'ils n'en ignorent, & faire en outre pour l'entiere execution dudit Arreſt à la Requeſte dudit Charpentier, tous Commandemens, Sommations, défenſes y contenuës ſur les peines y portées, & autres Actes & Exploits neceſſaires, ſans autre permiſſion. CAR tel eſt nôtre plaiſir. DONNE' à Verſailles le vingt-huitiéme jour de Septembre l'an de grace mil ſept cent ſix, & de nôtre Regne le ſoixante - quatriéme. Signé, par le Roy en ſon

Conseil, RANCHIN, & scellé du grand Sceau de cire jaune & contre scellé.

CHAPITRE II.

Contenant l'Extrait des Arrests & Reglemens qui ont esté rendus en faveur des Tresoriers dé France, pour la connoissance du Droit de Voyrie.

APrés avoir rapporté dans le Chapitre precedent les Edits & les Déclarations qui ont attribué la connoissance du Droit de Voyrie aux Tresoriers de France, il convient de parler des Arrests rendus en consequence pour leur confirmer l'attribution de ce Droit.

J'ay suivi l'ordre des temps & les principaux Arrests qui m'ont esté remis par divers Bureaux des Finances.

23. Septembre 1628. Arrest du Conseil entre les Tresoriers de France de Tours, & les Officiers des Ele-

ctions, par lequel les Tresoriers de France sont maintenus en la Jurisdiction de la Voyrie.

25. May 1632. Arrest du Conseil entre les Tresoriers de France & le Presidial de Tours, qui maintient les Tresoriers de France dans la connoissance du Domaine & de la Voyrie.

30. Octobre 1632. Arrest du Conseil qui ordonne que les Tresoriers de France de Toulouse auront la Direction de tous les Ouvrages publics dont le fond sera fait dans l'Estat du Roy, ou imposé sur les Diocéses des Villes & Communautés de leur Generalité, & que les Capitouls auront seulement la conduite des Ouvrages qui seront faits sur les deniers patrimoniaux & d'octrois de leur Communauté.

10. Decembre 1632. Arrest du Conseil portant confirmation d'une Ordonnance des Tresoriers de France de Bourges, par laquelle ils avoient commis pour faire le Bail au rabais des ouvrages & reparations de la ville de Seiguieres.

30. Juin

30. Juin 1634. Arreſt du Conſeil qui maintient les Treſoriers de France de Tours dans la connoiſſance de la grande & petite Voyrie, contre les prétentions du Lieutenant General de Changoullet.

16. Septembre 1636. Arreſt du Conſeil rendu entre les Treſoriers de France de Poitiers & les Juges Royaux de Niort, par lequel les Treſoriers de France ſont maintenus dans le droit d'ordonner les reparations à faire aux Halles de la ville de Niort.

16. May 1640. Arreſt du Conſeil portant Reglement entre les Officiers de la Cour des Comptes, Aydes & Finances, & les Treſoriers de France d'Aix, par lequel les Treſoriers de France ſont maintenus dans la faculté de permettre de tirer de l'eau des Rivieres, de faire des Canaux ou Avances dans la Mer, de donner les alignemens & prendre connoiſſance des Ponts, Chauſſées & Chemins, quoyqu'ils ſoient reparez aux dépens du Roy ou du public.

K

18. May 1640. Arrest du Conseil qui maintient les Treforiers de France de Tours dans la connoiffance de la Voyrie, avec défenfes au Lieutenant General de la ville du Mans de les y troubler.

30. May 1644. Autre Arrest rendu en leur faveur contre les prétentions du Maiftre des Eaux & Forefts.

4. Decembre 1647. Arrest du Conseil par lequel le Roy a maintenu les Treforiers de France de Tours en la Jurifdiction de la Voyrie contre le Juge Prevoft d'Angers, dont les Ordonnances fur le fait de la Voyrie ont efté caffées & annullées avec dépens.

1659. Arrest du Conseil qui confirme les Treforiers de France d'Aix dans la Jurifdiction du Domaine & de la Voyrie.

Dernier Octobre 1664. Arrest du Conseil entre la Cour des Comptes, Aydes & Finances, les Treforiers de France à Montpellier, & le Syndic General des Etats de Languedoc, par lequel les Treforiers de France font maintenus dans le Droit de faire les Baux & Adjudications des reparations neceſſaires aux Ponts & Chauſſées du S. Eſprit en preſence du Syndic des Etats: Ordonne *Sa Majeſté* que les Treſoriers de France auront la Direction des deniers qui feront levés à ce fujet.

4. Mars 1666. Arreſt du Conſeil qui maintient les Treſoriers de France de Tours dans la connoiſſance de la grande & petite Voyrie , contre les Officiers de l'Election de la ville de Châteaugontier.

19. Novembre 1666. Arreſt du Conſeil portant confirmation de l'Ordonnance renduë par les Treſoriers de France de Paris touchant la grande & petite Voyrie.

20. Janvier 1667. Arreſt du Conſeil entre les Treſoriers de France de Montauban , & le Maiſtre des Ports , par lequel Sa Majeſté luy fait défenſes de ſe faire remettre par les Communautés l'état des reparations des Chemins , ſauf aux

Treforiers de France d'y pourvoi

9. May 1678. Arreſt du Parlemer
de Paris, qui maintient & garde le
Treforiers de France de la Genera
lité d'Amiens en la Juriſdiction à
connoiſſance de la Voyrie ; fait de
fenſes à Jacques Vacquette Prevo
Royal de la ville d'Amiens de l
y troubler, & condamne en l'a
mende ordinaire de douze livres
aux dépens.

19. Septembre 1680. Arreſt d
Conſeil entre les Treforiers d
France d'Aix & les Echevins d
Marſeille, par lequel la connoi
ſance du Droit de Voyrie a eſ
confirmée aux Treforiers de Fra
ce, nonobſtant les Actes produi
par les Echevins au ſujet de
poſſeſſion où ils étoient de l'exe
cice de ce Droit depuis l'ann
1257.

15. Decembre 1686. Arreſt d
Conſeil qui confirme les Ordo
nances renduës le 7. Fevrier & 1
Octobre 1686. par les Treforiers d
France de Paris, touchant la forn
de proceder dans les matieres q

concernent le Droit de Voyrie.

23. Mars 1689. Arreſt de la Cour de Parlement qui deboute Martin Baron Prevoſt Royal d'Amiens, Loüis Pingré Procureur du Roy du Bailliage de la Prevoſté, Jean Lhiroy Lieutenant General au Bailliage d'Amiens, Adrien Picquet Lieutenant particulier & autres leurs Conforts, des demandes, interventions & oppofitions qu'ils avoient formées à l'Arreſt du 9. May 1678. par lequel les Treſoriers de France de la Generalité d'Amiens ont eſté maintenus dans la connoiſſance du Droit de Voyrie.

5. Aouſt 1689. Arreſt du Conſeil entre les Conſuls de la ville de Riom, les Officiers de la Senechauſſée & Siege Prefidial de Riom, & les Treſoriers de France de la même ville, par lequel Sa Majeſté veut que l'Ordonnance renduë par les Treſoriers de France fur le fait de la Voyrie foit executée felon fa forme & teneur, avec défenfes aux Intimés & à tous autres de les troubler dans les fonctions de la grande

& petite Voyrie, condamne les Intimés aux dépens.

1. Decembre 1693. Arreſt du Conſeil d'Etat rendu entre les Treſoriers de France & les Maire & Echevins de la ville de Metz ; par lequel Sa Majeſté ordonne que leurs fonctions feront reglées entr'eux à l'inſtar de ce qui ſe pratique entre le Bureau des Finances & le Prevoſt des Marchands & Echevins de la ville de Paris, en conſequence que la Direction des Alignemens, des Saillies, Avances & Bâtimens appartiendra dans la ville, fauxbourgs & banlieuë de Metz aux Treſoriers de France, à l'exception des Ponts & d'autres ouvrages publics auſquels la Ville contribuë, dont les alignemens des ouvrages publics feront donnés par les Officiers dudit Bureau des Finances conjointement avec les Officiers de l'Hôtel de Ville ; comme auſſi que les Treſoriers de France auront ſeuls la Direction de tout le Pavé qui ſera fait aux dépens des particuliers, à l'exception du Pavé proche les Egoûts & ſous les Portes

de la Ville, s'il se fait aux dépens de la Communauté : Veut Sa Majesté que la permission de pendre des Enseignes, l'alignement & le reglement de la hauteur appartienne aux Tresoriers de France, à la charge qu'ils ne pourront la donner qu'aprés que les Marchands & Artisans auront obtenus de la Police la permission d'ouvrir leurs boutiques : Ordonne Sa Majesté que le nettoyement des boües, des ruës & places publiques, la permission de faire des Etaux de Bouchers, les Boutiques & Bancs portatifs que les Artisans mettent devant leurs portes ou au coin des ruës appartiendra aux Officiers de Police, & la Direction des Avances, Saillies & Decombres de Maisons appartiendra aux Presidens Tresoriers de France.

15. May 1696. Arrest du Conseil d'Etat rendu au profit des Tresoriers Generaux de France de la Rochelle, par lequel Sa Majesté les a maintenus dans le Droit d'exercer dans toutes les Villes & lieux de leur Generalité les fonctions, & de joüir

des Droits attribués aux Offices de
Grand Voyer de France & de Voyers
particuliers réunis aux Charges des
Treforiers de France ; comme auffi
de connoître des contraventions au
Reglement general fait pour la Voyrie par l'Edit du mois de Decembre 1607. Arrefts du Confeil & du
Parlement de Paris rendus en confequence, même des Procés concernants la Voyrie ; en confequence
Sa Majefté a caffé & annullé les
Ordonnances des Maire & Echevins
de la ville de la Rochelle des 14.
& 30. Mars 1696. comme attentatoire aux fonctions, Droits & Jurifdiction de la Voyrie appartenant
aux Treforiers de France ; & fait
tres-expreffes défenfes aux Maire &
Echevins, & à tous autres Juges d'en
rendre à l'avenir de femblables, n'
de troubler les Treforiers de France
dans les fonctions, Droits & Jurifdictions de la Voyrie, à peine de
nullité, caffation de procedures,
dépens, dommages & interefts, &
aux parties de fe pourvoir ailleurs
que pardevant les Treforiers de
France

France à peine de mille livres d'amende.

7. Mars 1697. Arrest du Conseil d'Etat par lequel Sa Majesté a maintenu les Tresoriers de France de Bourges dans le Droit de connoître de tous les faits qui sont attribués par les Edits & Reglemens concernans la Voyrie ; ensemble des contraventions qui y seront faites en consequence : Sa Majesté fait défenses aux Maire & Echevins de troubler les Tresoriers de France dans l'exercice & fonctions de la grande & petite Voyrie, sans préjudice aux Maire & Echevins de pourvoir au nettoyement de la Ville, comme Juges de Police, conformément à l'usage de Paris, & condamne les Maire & Echevins aux dépens de l'Instance.

4. Mars 1698. Arrest du Conseil d'Etat entre les Tresoriers de France de la ville de la Rochelle, le Maire perpetuel & les Juges Royaux de la ville de Rochefort, par lequel Sa Majesté a maintenu les Tresoriers de France dans le Droit

L

de connoître de la grande & petite Voyrie dans la ville de Rochefort comme dans les autres Villes de leur Generalité.

8. Aouſt 1698. Arreſt du Conſeil d'Etat, rendu entre les Maire, Echevins, & les Treſoriers Generaux de France de la ville de la Rochelle, par lequel Sa Majeſté a ordonné que les Treſoriers de France auront la connoiſſance des Saillies & Avances de quelque nature qu'elles ſoient ſur les Ruës & Places publiques, des Encoigneures, des Barrieres, Bornes, Pas, Marches, Montoirs à Cheval, même des Jardins étant aux Fenêtres, des Eviers, de la confeſtion, entretien, reparations & degradations du Pavé, des Auvents, Enſeignes, Serpillieres, Montres & Bancs des Boutiques & Maiſons, Treillis de fer aux fenêtres faiſant Saillies, des Encombrements permanens dans les Ruës, Places & Quais de la Ville & Fauxbourgs, & de toutes ſortes d'Encombrements de quelque nature qu'ils ſoient dans l'éten-

duë de leur Generalité : Enjoint Sa Majeſté aux Treſoriers de France de faire executer les Reglemens rendus à cet effet : & à l'égard des Maire & Echevins de la ville de la Rochelle, ordonne Sa Majeſté, qu'ils connoîtront, comme Juges de Police, de tous les faits qui concernent la Police ; en conſequence qu'ils auront la connoiſſance de ce qui concerne les Bouës, Fumiers, Ordures des eaux & Immondices qui pourroient être jettées par les fenêtres, & des Draps & Toilles étant aux fenêtres des foulons, & Teinturiers, même des Encombremens paſſagers dans les Ruës, Places & Quais de la ville & fauxbourgs de la Rochelle : Sa Majeſté leur enjoint pareillement de tenir la main à l'execution des Reglemens de la Police, & ordonne que les Maire & Echevins, comme Juges de Police, connoîtront des contraventions faites aux Ordonnances, pour raiſon des Poids & Meſures, & que les Treſoriers de France connoîtront des conteſtations

qui pourroient naître pour raiſon
des Droits dûs à Sa Majeſté à cauſe
des Poids & Meſures.

22. Aouſt 1699. Arreſt de la Cour
du Parlement de Roüen rendu en
conſequence du Renvoy fait par le
Conſeil du Roy, du Procés intenté par les Treſoriers de France de
la Prevôté de Caën, & les Maire
& Echevins de la même Ville, par
lequel le Parlement a maintenu les
Treſoriers de France dans la poſſeſſion de connoître & juger de
tout ce qui peut concerner la grande & petite Voyrie, à l'excluſion
des Maire & Echevins, qui ſont
condamnés aux dépens de l'Inſtance.

Dernier Decembre 1700. Arreſt
du Conſeil d'Etat qui maintient &
garde les Treſoriers de France de
la Generalité de Montauban dans
le Droit de connoître dans la Ville
& Banlieuë, de tous les faits qui
concernent la grande & petite Voyrie, & Sa Majeſté fait défenſes aux
Maire & Conſuls de Montauban de
les y troubler.

J'ay inseré les autres Reglemens du Conseil dans les autres Chapitres de ce Livre, à cause du rapport qui se trouve avec les matieres dont j'ay traité.

CHAPITRE III.

Où l'on prouve que le Droit
de Voyrie appartient
au Roy.

L E Droit de Voyrie est Royal &
Domanial, il n'est point une
suite de la Haute-Justice ; cette maxime est conforme à la disposition
de l'Edit donné en l'année 1539. touchant les Droits des Justiciers de la
ville de Paris, à celuy de l'anné
1548. aux Lettres Patentes expediées
en l'année 1549. pour le Terrier de
Paris, aux articles secrets de la Coûtume de Paris, qui portent que le
Roy est seul Voyer.

Enfin au texte de la Loy, *quæ sin-*
regalia in usibus feudorum, où il est
porté que *viæ publicæ de Regalibus*
sunt, sive juribus ad Regem pertinen-
tibus.

C'eſt ſur ce principe que les Officiers de la Chambre du Treſor ont jugé que le Droit de Voyrie appartient au Roy, & ont debouté l'Archevêque de Paris de ſes prétentions, & qu'ils ont decidé la même queſtion au profit du Roy contre les Religieux de la ſainte Trinité de Thiron.

Pithou ſur l'art. 130. de la Coûtume de Troyes, rapporte un Arreſt rendu en l'année 1290. par lequel la Voyrie du Comté d'Anjou a été ajugée au Roy contre le Comte d'Anjou.

La Coûtume de Bretagne porte, que les Seigneurs qui ont Juriſdiction ſur les hommes en leur terre, doivent garder & borner les voyes & routes qui ne ſont de Ville marchande à Ville marchande ; tous les autres chemins ſont en la garde du Prince, & les Seigneurs doivent mettre les deniers de leurs amendes pour reparer les mauvais chemins, & s'il n'y a deniers d'amendes, pourront les Juges des Seigneurs contrain

L iiij

» dre les Possesseurs des terres voisi-
» nes de contribuer à la réparation
» des chemins, si les Seigneurs ou
» autres n'y sont d'ailleurs tenus &
» obligés.

Cet article doit être expliqué, afin d'éviter les erreurs où plusieurs Juges des Seigneurs sont tombés à cet égard ; pour y parvenir il faut observer que la derniere redaction de la Coûtume de Bretagne a été faite en l'année 1580. ainsi elle a precedé de vingt ans la Creation du Grand Voyer de France , ensorte qu'on ne doit pas s'étonner si elle attribuë aux Juges des Seigneurs un pouvoir que Sa Majesté a transferé au Grand Voyer par un Edit posterieur.

C'est pourquoy dans l'Edition des Commentaires du President d'Argentré , qui a été faite à Paris en l'année 1608. on a mis en apostille de cet article de la Coûtume de Bretagne , *paucis abhinc annis creatus Curator viarum , quem vocant le Grand Voyer de France , ann. 1599.*

Et pour ne laisser aucun doute

Année 1599.

Coût. de Bretagne par d'Argentré p. 214.

fur cette matiere, il faut avoir recours à l'Edit du mois de Decembre 1704. & à la Declaration du 12. May fuivant, qui portent en termes précis, que les Treforiers de France auront la connoiffance en premiere Inftance, & privativement à tous autres Juges, même à ceux des Jurifdictions ordinaires Royales, de tout ce qui concerne la grande & petite Voyrie.

Cette attribution privative fait connoître que les Juges des Seigneurs doivent confulter l'ordre des temps & des changemens qui arrivent, & qu'ils doivent s'abftenir de connoître des matieres dont il eft parlé dans cet article de la Coûtume de Bretagne.

Voicy le confeil qui leur eft donné par l'Auteur des Obfervations-Sommaires fur la Coûtume de Bretagne dans fa Preface.

Le Prefident Perchamb. fur la Cout. de Bretagne.

Mais enfin comme la pratique «
& les Arrefts ont fort alteré le fens «
que les Coûtumes avoient dans leur «
commencement, il n'eft pas moins «
utile de faire connoître ces chan- «

» gemens, parce que les Coûtumes ne
» s'établissant que par un usage in-
» sensible ou par des Ordonnances
» expresses, il ne faut pas douter
» qu'on ne les puisse changer de la
» même maniere.

CHAPITRE IV.

Des Chemins & des Ponts.

LE Chemin eſt un paſſage qui ſert pour aller d'un lieu à un autre.

Quelques Auteurs eſtiment que ce nom eſt tiré du Latin, *Semita* ; ils diſent que Chemin a été dit comme Semin.

La commune diviſion des Chemins eſt en Chemins Royaux, en Chemins de traverſe ou voiſinaux, & en Chemins privés.

Les Chemins Royaux ſont ceux qui conduiſent aux grandes Villes, ou de Villes Royales en Villes Royales : *Publicas Vias dicimus quas Græci Baſilicas, noſtri Prætorias, alii Conſulares appellant.*

C'eſt pourquoy John Kitehin a dit, *Royal Chemin eſt cer que àuce de Ville in Ville, & comun Chimin, eſt*

Ulp. leg. 2. §. viarum. ff. ne quid in loco publ.

John Ki-tehin dans ſon Livre du Cour-

cer que duce de Ville in Champ à lours
terre.

Et Guillaume Brito :

Nos Via regalis Gisortum ducat ad
Urbem.

Les Chemins de traverse ou voisinaux , sont des Chemins détourné
qui ne sont pas sur la route des grandes Villes , & par lesquels l'on va
d'un Bourg ou d'un Village à un autre : *Viæ vicinales sunt quæ in Vicos*
ducunt.

Les Chemins privés sont ceux
que l'on établit dans les Terres ou
Champs des particuliers pour alle
de l'un à l'autre : *Privatæ Viæ sun*
quæ propriè dicuntur agrariæ.

La connoissance du Droit de Voyrie qui a été attribuée aux Tresoriers de France, n'est pas renfermée
dans ce qui concerne seulement les
grands Chemins, elle s'étend aussi
sur les Chemins de traverse ou voisinaux , parce qu'ils sont publics, &
que le frequent ou le rare usage ne
peuvent en changer la destination :
Viæ vicinales quæ ad Viam publicam
ducunt , vel quæ in Vicis sunt , aut

pagis, ipsæ & inter publicas habentur.

A l'égard des Chemins privés ils font fujets le plus fouvent aux fervitudes qu'on appelle ruftiques, il y en a des exemples dans la Pratique univerfelle : Le droit que j'ay de « paffer fur les terres d'autruy par « un Sentier pour aller fur les mien- « nes, ou pour me promener à pied « ou à cheval ; le droit d'y prendre « un chemin & d'y faire paffer des « Chariots & toutes fortes de Voitu- « res, font autant de fervitudes qui « font entenduës en droit fous ces « trois mots, *Iter, Actus, Via.* Il « eft permis aux particuliers de faire « telles conventions qu'il leur plaît, « pourveu que le public n'en reçoi- « ve aucune incommodité, & que « la fervitude ne foit qu'à la char- « ge de celuy qui veut bien la fouf- « frir. «

Les Treforiers de France ne connoiffent pas des conteftations qui peuvent naître au fujet des fervitudes, parce que le Roy ny le Public n'y ont aucun interêt.

Les ouvrages les plus neceffaires

Prat. univerf. tom. 3. p. 482.

Id. pag. 483.

au public pour la facilité du paſſag
ſont les Ponts d'architecture ou
charpente qu'on bâtit ſur les Rivi
res pour les traverſer : *Potiſſima*
Viæ partem efficiunt , quod Vias co
tinuent ſolido , firmóque itinere.

Leo Baſt.
Alb. de re
ædificat. -
VIII.

Il eſt difficile de traiter ces m
tieres ſans rendre en même tem
à la memoire des Romains les ho
neurs qu'ils meritent par l'établiſ
ment des Chemins , des Aqueduc
des Ponts , & des autres ouvrag
d'architecture qui ſerviront de
moignage à la poſterité de leur
tention & de leur zele pour l'e
tretien des Monumens publics , do
les reſtes précieux que nous adn
rons encore contribuëront autan
les rendre immortels , que les a
tions de generoſité & de val
qui ont été rapportées par les H
toriens.

Ariſtide a tiré d'un ſi beau ſu
l'éloge des Romains , qu'il fait
Ariſtid. peu de mots : *Terram omnem*
orat. 14. *menſi , Pontibus variis Fluvios j*
tom. 1. *xiſtis.*

Ils avoient confié le ſoin des

parations des Chemins aux principaux Magiftrats de la Republique ; les premiers qui en ont été chargés font les Cenfeurs : *Cenfores Urbis, Vias, Aquas, Ærarium, Vectigalia tuentur.*

Les Ædiles, les Confuls, & les Tribuns du peuple ont fait paver les grands Chemins, & fous l'Empire de Claude on attribua cette fonction aux Quefteurs dont ils furent déchargés quand on leur donna le gouvernement des Gladiateurs : *Collegio Quæftorum pro ftratura Viarum, Gladiatorum munus injunxit.*

L'on établit enfuite quatre perfonnes pour veiller aux réparations des Ruës & des Chemins : *Conftituti funt quatuor viri qui curam Viarum agerent.*

Ce nombre n'étoit pas fuffifant pour remplir exactement les fonctions de ce miniftere : pour y fuppléer on fut obligé de nommer des Commiffaires, ou *Curatores Viarum,* aufquels on donna le pouvoir d'ajuger les Fermes des Droits qui étoient levés fur les grands Chemins, & de

Cicero lib. 3. de leg.

Strab. lib. 5. Geogr.

Suet. in Claud. c. 24.

Tit. pomp. leg. neceff. §. eod. temp. ff. de origin. jur.

Sic. Flac. faire délivrer les deniers aux Entrepreneurs des Ouvrages , appellés *Redemptores* selon *Sicul. Flaccus.*

Lorsque Jules Cesar accepta cet employ de Commissaire , il contribua de ses propres deniers à la meilleure partie des reparations du Chemin qu'il étoit engagé de conserver : *Fuit Julius Cæsar qui Viæ Appiæ Curator constitutus , præter publicam magnam quoque à se pecuniam eidem impendit.*

Plut. in Jul. Cæs. cap. 8.

Suetone. L'utilité que le public avoit reçû des fonctions de ces Commissaires, engagea Cesar Auguste de les rendre ordinaires.

L'on peut connoître les changemens qui sont arrivés à cet égard par les Vers suivants.

Berg. hist. des grans Chemins.

Magnorum fuerat solers hæc cura Quiritum
Constratas passim concelebrare Vias :
Ædilis, Consul, Prætextatúsque duumvir,
Et Curatores quatuor indè viri.
Et post Trojano demissum nomen Iulo
Augusti curant, publica strata, Vias.

Les

Les Censeurs, les Ediles, & les Commissaires appellés *Curatores Viarum*, ont fait reparer les Ruës & les Chemins dans la ville de Rome & dans toute l'étenduë de l'Italie : Dans les Provinces cette fonction a été exercée par les Consuls & par les Prefects du Prétoire, qui avoient l'Intendance generale sur les Diocéses, les Provinces, les Magistrats, & les Villes, tant pour le fait de la Guerre, des Finances, que des Ouvrages publics & des grands Chemins.

Hist. Consul. du P. Menestrier pag. 145.

L'attention des Romains pour la perfection des Chemins, les avoit portés à faire mettre à côté de la voye publique des pierres taillées en forme de degrés pour servir de montoir : Le sçavant Grævius a fait inserer les planches gravées de ces pierres dans le Tresor des Antiquités Romaines.

Grævius thes. Antiq Rom. vol. x.

Enfin pour la commodité des Voyageurs on avoit érigé des Colomnes Milliaires qui servoient à la supputation des Chemins, & à connoître la distance des milles, chaque mille

M

contenoit huit ſtades qui reviennent à une demie lieuë de France.

Auguſte fit élever une Colomne Milliaire au centre de la ville de Rome, d'où Cajus Gracchus meſura les grands Chemins, où il fit mettre les autres Colomnes Milliaires.

L'on voit aujourd'huy des veſtiges de ces Colomnes Milliaires dans pluſieurs Provinces du Royaume ; il y en a une dans un Village du Diocéſe de S. Malo, dont le ſçavant Pere Lobineau rapporte l'Inſcription, & le Pere Meneſtrier parle de celles qui ſont à Feurs dans la Province de Forés.

Hiſt. de Bret. par le P. Lobineau.

» Il reſte à Feurs quatre Pierres » Milliaires qui ont conſervé le » nom de Maximin & de ſon fils, » & qui ſont des témoignages de la » réſidence que firent en ce Pays » (Lyon) les deux Empereurs, au » moins durant quelque temps, & » vers la fin de leur Empire.

Hiſt. Conſul. de Lyon par le P. Meneſtrier p. 137.

C'eſt de-là que les Chrétiens ont pratiqué l'uſage de planter des Croix dans les Chemins.

Les Colomnes Milliaires étoient

confacrées au Dieu Mercure, dont elles portoient fouvent l'effigie fans bras ni jambes ; elles étoient fous la protection d'Hercule, & d'Apollon auquel on avoit attribué le pouvoir de préfider aux Bornes & aux Chemins, felon Macrobe.

Le Dieu Terme préfidoit auffi aux bornes qui faifoient la féparation des Chemins ; Numa Pompilius avoit introduit le culte de ce Dieu dans la ville de Rome, afin d'intereffer la Religion dans la politique, & de retenir par le refpect des Dieux les entreprifes des Ufurpateurs. *Mem. de Trevoux Aouft 1706.*

Ovide parle de ce Dieu dans le Livre des Faftes : *Faft. 2.*

Conveniunt celebrántque dapes vicinia fupplex,
Et cantant laudes Termine fanEe tuas.

M. Spon a veu à Rome dans la Vigne de Carolo Valle l'infcription fuivante qu'il a fait inferer dans les Recherches curieufes d'Antiquité. *Rech. cur. d'Antiq. par Spon. pag. 107.*

QUISQUIS
HOC SUSTULERIT
AUT JUSSERIT
ULTIMUS SUO-
RUM MORIATUR.

C'étoit une imprécation terrible chez les Anciens que de mourir sans heritiers naturels.

Id. fol. 233.

Il y avoit aussi des Lares qui présidoient aux Chemins, & qui étoient appellés *Lares Viales.*

Id.

C'est pourquoy Plaute introduit Charinus se préparant à un voyage.

Plaute act. 5. f. 2.

Invoco vos,

Lares Viales, ut bene me tutetis.

Les Romains avoient coûtume d'enterrer les Morts auprés des grands Chemins, afin d'attirer le respect & la veneration des Passans pour les Chemins : L'on sçait jusqu'à quel point ils ont porté leurs Religions & leurs Ceremo-

Cabinet de la Bibl. de sainte Genev. p.

nies à l'égard des Morts : le sçavant 36. par le Pere Du-moul.
Pere Dumoulinet en a donné la des-
cription.

Aprés ces Ceremonies la pom-
pe funebre finissoit en couvrant le
Tombeau de gazon, & pour lors
le Sepulcre devenoit sacré : *Ac tunc* Cicero 2.1 de leg.
denique multa & religiosa jura com-
plectitur.

Monsieur Spon dit que dans " Rech. cur. d'Antiq. pag. 279.
la Châtellenie de Droulles dans "
la Marche du Limosin proche du "
Château de Doynon, à une lieuë "
& demie de Droulles, on voyoit "
quelques élevations de terre en "
forme de mottes, & que le Sei- "
gneur du lieu les ayant fait ra- "
zer, on y avoit trouvé des Se- "
pulcres & des Urnes pleines de "
cendres, & qu'on voit une pa- "
reille motte de terre sur le Che- "
min de Lyon à Vienne. Ces mot- "
tes sont appellées *Cespites* ou *Ag-* "
geres par les Latins, d'où vient "
qu'on lit dans le Code Theodo- "
sien : *Terram sollicitare & Cespitem*
vellere proximum sacrilegio.

» L'Auteur de la Déscription des
» Délices de l'Italie, dit que les
» Romains se faisoient enterrer sou-
» vent le long des grands Che-
» mins ; que sous le Pontificat de
» Paul troisiéme on ouvrit un de
» leurs Sepulcres, & que l'on y
» trouva sous une pierre de mar-
» bre le corps d'une tres - belle
» fille ; il étoit encore tout entier,
» & presque aussi frais & aussi
» beau que s'il eût été vivant : ses
» cheveux étoient blonds & frisés,
» & il y avoit à ses pieds une
» lampe ardente, qui s'éteignit au
» moment que le Sepulcre fut ou-
» vert ; on jugea par les Caracte-
» res qui y étoient gravés, qu'il y
» avoit quinze cens ans que le
» corps avoit été enseveli dans cet
» endroit ; mais on ne put sça-
» voir au vray de qui il étoit ;
» quelques-uns crurent que c'étoit
» celuy de Tulliola fille de Cice-
» ron: on le porta à Rome, & on
» le garda plusieurs jours dans le
» Capitole ; mais le Pape s'étant

Journ. des Sçav. de l'an1706. p. 240.

apperceu que le peuple com- «
mençoit à l'honorer, comme si «
c'eût été le corps de quelque «
Sainte, il le fit jetter dans le Ti- «
bre.   «

CHAPITRE V.

Des Personnes illustres qui ont eu le soin des Ouvrages publics.

Herod. in erar.

LES Lacedemoniens ont remis à leurs Roys le soin de faire reparer les Chemins & les Ouvrages publics; ils ont estimé que cette fonction étoit digne de leur attention & de leur Majesté.

La Reine Semiramis au retour de ses Conquêtes, fit des dépenses considerables pour aplanir les Chemins, *Diod. Siculcul. bibl. hist. lib. 11. p. 101.* selon Diodore de Sicile : *Post hac Semiramis Persicam & cæteras Provincias omnes Imperio ejus subjectas in Asia peragravit, ubique autem montibus & rupibus divulsis Itinera magnis impendiis directa & plana fecit in locis planis contra Aggeres educens.*

Les

Les Romains ont toûjours confié le soin des reparations publiques à des personnes d'un rang distingué : *Viarum cura tam in Urbibus quam Agris credita est viris summis, & præcipuæ dignitatis.* Numa Pompilius second Roy de Rome avoit institué les Pontifes pour avoir soin du culte des Dieux, & des Ceremonies des Sacrifices; Varron dit qu'ils ont été nommés Pontifes *à Ponte faciendo*, parce que les premiers Pontifes avoient fait bâtir le Pont Sublicius, par où ils passoient pour faire leurs Sacrifices de l'un & de l'autre côté du Tibre ; celuy qui presidoit au College des Pontifes, s'appelloit tres-grand Pontife : Jules Cæsar ayant été creé souverain Pontife, il eut pour successeur dans cet employ Lepidus & Auguste, d'où les autres Empereurs ont continué de prendre ce nom jusqu'à l'Empereur Theodose, sous lequel la Religion Chrétienne commença de fleurir, & dans la suite l'Eglise a consacré le nom de Pontife aux Papes, & aux Evêques, dont les uns sont appellés souve-

N

rains Pontifes, & les autres du simple nom de Pontifes.

Antiq. de Lyon par le Pere Colonia.

Agrippa gendre & favory d'Auguste, a laissé dans la ville de Lyon un Monument éternel de la grandeur Romaine : cet homme si illu- » stre par tant de victoires, par tant » de Consulats, par son amour pour » les beaux arts, fit faire pour la » commodité des Armées, & pour » celle du public, quatre grands » Chemins qui traversoient les Gau- » les ; il voulut que le centre de » ces Chemins fût dans Lyon, à » cause de sa situation avantageuse » & du concours des rivieres.

Strab. lib. 4. Geogr.

Cæterum Lugdunum in medio instar Arcis situm est, cum ibi omnes confluant ; & partibus omnibus propinquum sit ea propter Agrippa hoc ex loco partitus est Vias, unam quæ per Cemmenos montes usque ad Autones & Aquitaniam ; aliam ad Rhenum ; tertiam ad Oceanum & Bellovacos, & Ambianos ; quarta ducit in agrum Narbonensem littusque Massiliense.

Le P. Menestrier a rapporté ce qui suit dans l'Histoire Consulaire de la

ville de Lyon sur les indices de Stra- «
bon : J'ay cherché avec toute la «
diligence possible les vestiges de ces «
grands Chemins, & j'ai été assés «
heureux pour les trouver ; celuy «
qui conduisoit à Narbonne com- «
mençoit à la porte S. Just, & c'est «
celuy que nous voyons depuis le «
rempart d'Aisnay au dessus de la «
porte de S. George avec un dou- «
ble rang d'arcs pour soûtenir les «
terres mouvantes, & pour donner «
passage aux eaux... «

Le Chemin qui menoit à l'O- «
cean par le Beauvoisis & le Pays «
d'Amiens, a sa naissance à la Por- «
te de Vaise sur le grand Chemin «
de Paris, & il en reste quelques «
morceaux en montant vers la Tour «
& l'Arbrelle. «

Le Chemin d'Aquitaine par «
l'Auvergne commence à S. Ire- «
née du côté de la porte de Trion, «
& va à Francheville où reste en- «
core la meilleure partie d'un Pont «
pour joindre les deux collines ou «
montagnes. «

Le Chemin qui menoit au Rhin «

Hist. Con-
sul. de
Lyon par
le P. Me-
nest. p. 33.

N ij

» étoit triple à caufe de nos deux
» rivieres ; car j'en trouve un qui
» commence au deſſus de Vaiſe au
» tombeau des deux Amants. . . . .
» Il y en a un autre de l'autre côté
» de Saone dont j'ay découvert plu-
» ſieurs veſtiges depuis la roche de
» l'Iſle ſur les côteaux du Vernay,
» & le troiſiéme eſt ſur les bords
» du Rhône, & commence au de-là
» du boullevard S. Clair.

» La conſtruction de tous ces
» Chemins eſt la même, c'eſt-à-di-
» re, de cailloux de riviere & de
» chaux vive liés enſemble d'une
» maniere ſi tenace que le marteau
» n'en ſçauroit rompre les maſſes
» auſſi dures que les rochers.

Strab. lib. Geogr.

Les Lieutenants Generaux d'Auguſte qui avoient été envoyés à Tre-
ves y bâtirent pluſieurs Ponts ſur la
Meuſe & ſur la Moſelle.

Barth. Chaſſan. Catal. glor mūd. conſid. 71.

Le Pont du Gard ſitué entre les
villes de Niſmes & d'Avignon, a
été bâti par les Romains, & l'on
voit encore les veſtiges des autres
Ponts qu'ils ont fait conſtruire dans
les Gaules.

Il me semble que les peuples ont fait leurs efforts pour témoigner leur reconnoissance à l'egard de ceux qui ont pris soin de faire travailler aux reparations des Chemins, par les Medailles qu'ils ont frapées, par les Inscriptions, & par les autres Monumens qu'ils ont erigés en leur honneur.

Je parleray icy de quelques Medailles qui ont été frapées à ce sujet, dont M. Oudinet illustre Antiquaire & Garde du Cabinet des Medailles du Roy, m'a communiqué plusieurs Originaux.

Il y a une Medaille d'Auguste qui a pour revers un arc de triomphe, au dessus duquel on a mis un char tiré par quatre chevaux ; c'est un Monument consacré à la memoire d'Auguste dans le temps qu'il fit réparer les Chemins : *Questa Medaglia sie battuta in Roma ad honore di Augusto per memoria delle vie publiche in tal tempo lastricate ed munite.*

Sebast. Erizzo Nelle Medagl. Dichiarar. 25. & 28.

Monsieur Patin a donné l'explication d'une Medaille de Trajan, ayant pour revers la figure d'une femme couchée sur la terre, qui tient une roüe de la main droite avec cette legende : *Senatus Populusque Romanus optimo Principi.* Et dans l'exergue, *Via Trajana.*

On voit de pareilles Medailles antiques en argent dans plusieurs Cabinets : j'en ay une qui a été trouvée à Nantes dans les fondemens d'un mur du Convent des Religieuses Penitentes : Voicy l'explication de Monsieur Patin.

Roman. Numism. media & min. forma pag. 178.

Figura muliebris humi procumben rotam dextra tenet, satis explicat inscriptio, Via Trajana : ne tamen eju brevitas obscurum opus relinquat, Galeni nostri verba rem totam definient veluti nunc quoque videmus quasdam veterum in terris viarum, quibus par quæpiam est lutosa, vel lapidibus sentibusque impedita, vel moleste ardua vel periculose prona, vel feris obsessa vel propter magnitudinem fluminum in via vel longa, vel aspera : itaque cum sic se haberent omnes in Italia Viæ eas Trajanus ille refecit, quæ quidem earum humidæ ac lutosæ partes eran lapidibus sternens aut editis aggestio

*nibus exaltans, quæ senticosæ & asperæ
erant eas expurgans, & flumina quæ
transiri non possent Pontibus jungens,
ubi longior quam opus erat Via vide-
batur aliam breviorem exscindens, si-
cubi verò propter arduum collem diffi-
cilis erat ab illa transferens ac per
habitata ducens, tum asperas compla-
nans.*

Monsieur Patin a parlé dans son
Tresor des Medailles, page cinq, d'un
Medaillon de l'Empereur Hadrien
qui a pour revers un Pont : *Ille est
qui Pons Ælius vulgò Ponte San An-
gello appellatur.*

On voit une Medaille de l'Empereur Severe, qui a pour legende :
Restitutor urbis Senatus Consulto. Elle
a été frapée à l'occasion des Bati-
mens publics que cet Empereur a
fait rebâtir, selon Monsieur Patin. *Numism.
Iste nummus cusus est postquam Seve-* Med. min.
rus restituit omnes ferè Ædes publicas form. pag.
quæ temporum vitio labebantur, nova 279.
*enim ædificia extruxit, vetera restituit,
inquit Xiphilinus, inter quæ Septizonium
& Thermas Severianas : ob ea Severus
appellatus est Restitutor Urbis.*

N iiij

Severe receut le nom de Britar
nicus à cause de cette fameuse mu
raille qu'il fit bâtir en Ecosse pou
servir de rempart contre les Pictes
elle s'étendoit d'une mer à l'autr
à travers l'Isle sur l'espace de trente
deux milles ; cet ouvrage considera
ble a fait honneur à son Empire
selon Spartien.

Il semble que dans Rome mo
derne on s'est conformé à la pra
que des Anciens par les Medaill
qui ont été frapées en l'honneur d
Papes qui ont fait travailler aux O
vrages publics.

Le Pere du Moulinet dit que
Pape Paul deuxiéme a donné lieu
cet usage par le nombre des M
dailles qu'il fit faire pour les me
tre dans les fondations des Edific
publics qu'il faisoit bâtir, afin d'
marquer le temps à la posterité ,
imiter en cela les anciens Emp
reurs , comme Platine le remarq
en sa vie : *Numismata prope infin
ex auro , argento , ære, sua imagine
gnata sine ullo Senatûs Consulto in fu
damentis ædificiorum suorum more ve
rum collocabat.*

Ces Medailles n'étoient encore que moulées, ce fut le Pape Jule II. qui commença de faire creuser des coins & des matrices pour les fraper.

Dans une Medaille de Sixte IV. on voit au revers un Pont, & au dessus cette inscription, *Cura rerum publicarum :* Ciaconius dit que ce Pape a fait reparer & embellir la ville de Rome : *Pontem veterem Janiculensem jam diu ante dissectum, quem ruptum merito cives appellabant, publicæ commoditati & decori à fundamentis magna cura & impensa ex Tiburtino lapide restituit, suoque de nomine Sixtum vocari jussit, opus sanè omni antiquo principe dignum.*

Il y a une Medaille de Pie IV. ayant pour revers la Porte sainte Marie del Popolo avec cette legende : *Pius quartus Pontifex maximus Portam in hanc amplitudinem extulit, Viam Flaminiam instauravit anno III.*

Une autre Medaille de Gregoire XIII. qui a pour revers un Pont,

qui est la figure de celui de sainte
Marie de Rome que ce Pape a fait rétablir, & où il mit la premiere pierre

Au revers d'une Medaille du même Pape, on voit l'image du Pon
qu'il fit bâtir dans le territoire d'Or-
vietto, avec cette legende, *Viato-
rum saluti*; on l'apelle à present l
Pont Gregorien.

Les principales Medailles du Pontificat. de Sixte V. ont été consa-
crées à la memoire des Chemins &
des Ponts qu'il a fait reparer.

L'une des Medailles de ce Pap
porte au revers cette inscription
Cura Pontificia; on y a represent
les quatre grands Chemins des environs de Rome, que ce Pape a fai
élargir.

Les deux autres Medailles on
pour revers un Pont, & cette legende: *Pons Felix anno Domini* 158
& Publicæ Commoditati; c'est le Pon
rétabli par Sixte IV. que Sixte V
a fait reparer.

Les Romains ne se contenteren
pas de cette seule reconnoissance, il
luy firent encore eriger une statu

de bronze dans le Capitole, où étoit cette inscription : *Sixto V. Pontifici Maximo ob quietem publicam compressa sicariorum exsulumque licentiâ restitutam, annonæ inopiam sublevatam, Urbem Ædificiis, Viis, Aquæductu illustratam, Senatus Populusque Romanus.*

Le Pere Dumoull. Cabinet de sainte Genevieve p. 168.

On voit au revers de la Medaille du Pape Paul V. un Pont avec cette inscription : *Ceparani Pons super Lirim restitutus ;* ce Pont est au Village de Ceperano sur le fleuve Liris.

La Medaille de Clement IX. a pour revers le Pont qui conduit au Château S. Ange, avec cette inscription, *Ælio Ponte exornato.*

Le Roy S. Loüis ayant été prié «
par l'Empereur Frideric de mena- «
ger son accommodement avec le «
Pape, vint pour cela jusques à «
Cluny où le Pape alla au devant «
de luy ; au retour de cette entre- «
vûë le Pape voulant laisser aux «
Lyonnois ses bienfacteurs un mo- «
nument public de sa reconnoissan- «
ce, entreprit de faire bâtir un Pont «

Antiq. de Lion par le Pere Colonia.

» de pierre fur le Rhône ; ce Pont
» eft des mieux faits & des plus re-
» guliers, il eft compofé de vingt
» arcades, & il a deux cents foixan-
» te & une toife de long.

» Ce Pape a non-feulement con-
Hift. Conf. de Lyon par le P. Meneftr. p. 283. » tribué à bâtir ce Pont de fes de-
» niers durant les fept années qu'il
» demeura à Lyon, mais beaucoup
» plus encore par les Indulgences
» qu'il accorda à tous-ceux qui con-
» tribueroient à un ouvrage fi ne-
» ceffaire au public. . . . Sous le
» Pontificat du Pape Alexandre V.
» le Cardinal de fainte Sufanne Le-
» gat en France étant à Lyon, don-
» na le 4. d'Avril des Indulgences
» pour tous ceux qui contribueroient
» pour le Pont du Rhône.

Le Pere Theophile Raynaud dans la vie de S. Benezet. Il femble que le Ciel s'eft inte-
reffé dans la conftruction de pareils
ouvrages par le miracle arrivé au
fujet du Pont d'Avignon : Saint Benezet étant berger fut infpiré de le
bâtir à l'âge de douze ans ; il réuffit
& fit conftruire un Hôpital où il
inftitua des Religieux nommés les
Freres du Pont, parmy lefquels il
finit fes jours.

Il faudroit employer plusieurs vo-
lumes pour raporter les Medailles,
les Inscriptions, & les Monuments
publics qui ont été dédiés aux personnes illustres en reconnoissance du
soin qu'elles ont pris de faire travailler aux ouvrages publics: on peut
avoir recours là-dessus aux Livres de
Gruter, d'Onuphre, de Bergier, & au
Tresor des Antiquités Romaines de
Grævius. L'on trouvera peut - être
que je me suis trop étendu sur cette
matiere, & que l'amour de l'Antiquité m'a conduit un peu loin: j'a-
voüe cependant que je n'ai pû m'en
dispenser; il n'est pas facile de parler des Ouvrages publics sans pen-
ser aux Romains, puisque l'Architecture dont Vitruve, Scamozzi &
plusieurs autres ont traité, n'est autre chose que la mesure & la proportion des Monumens que les Grecs
& les Romains ont construits; car
selon le sçavant Pere Mallebran-
che, il suffit souvent que nous ayons
eu certaines pensées dans le temps
qu'il y avoit dans nôtre cerveau
quelques nouvelles traces, afin que

Le Pere Malle-branche t. 1. de la recherche de la verité page 176.

ces traces ne puissent plus se produire sans que nous ayons de nouveau ces mêmes pensées.

A l'égard des Eglises, des Bâtimens publics, des Aqueducs, des Ponts & des Palais superbes que l'on doit à la pieté, à la liberalité & à la magnificence de nos Roys, les Curieux en pourroient voir un détail assez ample dans les trois Livres des singularités d'Architecture, Peinture, Sculture, & Graveure, composés par le Sieur Florent le Comte.

Impr. à Paris chez Nicolas le Clerc 1699.

Je dirai seulement que le Pont Saint Esprit en Languedoc, est l'un des plus beaux Ponts de l'Europe, sa longueur est de mille pas communs, sa largeur de quinze pieds.

Le Pont neuf dont Henry III. a fait jetter les premiers fondemens, a depuis esté continué d'aprés les modeles des Ponts de la belle Antiquité dont parle Bergier : *Utraque latera extrema utrimque pro peditibus nonnihil eminebant, altiora quæ Latinè dicuntur decursoria ;* on a suivi cet ordre en bâtissant le Pont Royal

Berg. hist. des grands Chemins

sous le Regne de Loüis le Grand.

Je finirai ce Chapitre par un Ex-
trait des Memoires du P. le Comte Je-
suite touchant l'attention des Chinois
pour les réparations des Chemins.

Mem. de la Chine par le P. le Comte p. 94. du 1. vol.

La Police des Chinois n'est pas «
seulement pour les Villes, elle «
s'étend encore dans les grands «
Chemins, qu'elle a soin d'embel- «
lir & de rendre faciles, les Ca- «
naux sont bordés en plusieurs en- «
droits de Quais de pierres de taille «
pour la commodité des Voya- «
geurs, & on y voit une infinité «
de Ponts qui font la communica- «
tion des Terres & des Villages ; «
pour ce qui regarde les Chemins «
ordinaires, on ne sçauroit assez «
admirer les soins qu'on a pris de «
les rendre commodes, ils sont de «
quatre-vingts pieds de large ou «
environ, la terre en est legere & «
se seche facilement dés que la «
pluye a cessé ; en certaines Pro- «
vinces on y voit à droit & à gau- «
che, comme sur nos Ponts, des «
banquettes pour les gens de pied, «
qui sont terminées des deux côtés «

» par une suite continuelle de gran
» arbres en forme d'allées, & fou
» vent renfermées entre deux mu
» railles de terre de huit ou dix pie
» de haut, pour empêcher les Voya
» geurs d'entrer dans la Campagne
» Ces murailles ont leurs ouverture
» qui répondent aux Chemins de tra
» verse, & qui aboutissent de toute
» parts à de gros Villages.... Le
» Mandarins ont soin de tenir tou
» les Chemins en état, & l'Empereu
» pour les y obliger plus efficace
» ment fait quelquefois courir l
« bruit qu'il doit luy-même visite
» certaines Provinces; alors les Gou
» verneurs n'épargnent rien pour e
» réparer les Chemins, parce qu'il
» va ordinairement de leur fortur
» & quelquefois de leur vie, s'ils
» négligeoient en ce point.
»   Un jour que je passois aupr
» d'une Ville du troisième ordre dar
» la Province de Chensi, on me d
» que le Gouverneur venoit de
» pendre par desespoir, parce qu'il r
» pouvoit assez tôt reparer un endro
» par où l'Empereur devoit se rend

à la Capitale ; il n'y vint point "
pas, & le Mandarin auroit moins "
couru de rifque s'il ne fe fut pas "
tant preffé. "

On peut auffi juger de la magnificence des Chinois pour les Ouvrages
publics, par cette prodigieufe muraille dont ils ont renfermé une
grande partie de leur Empire ; elle
s'étend depuis la mer Orientale jufqu'à la Province de Chanfi, & fi on
en compte tous les détours, elle n'a
guere moins de cinq cens lieux.

Mem. de la Chine tom. 1. p. 129.

CHAPITRE VI.

De la largeur des Chemins.

Berg. hist.
des Chem.
de l'Em-
pire.

LEs Romains avoient reglé la largeur des Chemins à quarante-cinq pieds, selon Bergier ; cette largeur étoit convenable au nombre des chevaux & des équipages de leurs Empereurs : Suetone dit que Neron avoit au moins mille Carosses à son cortege lorsqu'il faisoit quelque voyage ; *Nero Imperator nunquam Carrucis minus mille fecisse iter traditur.*

Suet. cap.
30. in
Nerone.

Nous n'avons aucun Reglement general en France, par lequel on ait déterminé précisement la largeur des Chemins ; elle est differente selon la Coûtume des lieux.

Amiens
art. 185.
Boulenois
art. 187.

Par les Coûtumes d'Amiens & du Boulenois, le Chemin Royal doit avoir soixante pieds de large, celle de Tours & du Loudunois ont fixé la largeur des grands Chemins à seize pieds., & celle des Chemins voisinaux à huit pieds.

Par la Coûtume de S. Omer on a reglé la largeur des Chemins à soixante pieds ; par celle d'Anjou & du Maine à quatorze pieds ; par celle de Valois à trente pieds dans les Terres & à quarante pieds dans les Forests, à raison de douze pouces par chaque pied ; & par celle de Clairmont à trente pieds.

Le Parlement de Grenoble, par l'Arrest du 23. May 1605. a ordonné que la largeur des grands Chemins seroit réduite à vingt pieds sans y comprendre les fossez : Le Bureau des Finances du Dauphiné a rendu en conformité une Ordonnance en forme de Reglement le 24. Juillet 1680.

Le Roy a ordonné par l'Arrest du Conseil du 18. Juillet 1670. que les grands Chemins Royaux de la Province de Normandie, auroient au moins vingt-quatre pieds de passage libre & commode, sans que cette

O ij

Tours art.
59. & 84.
Loudunois
chap. 5.
art. 1.

S. Omer
art. 15.
Anjou
art. 60.
Le Maine
art. 69.

largeur puiſſe être occupée par de
hayes , par des foſſés & par de
arbres.

J'ay inſeré cy-devant l'Arreſt d
Conſeil du 21. Fevrier 1690. pa
lequel Sa Majeſté étant informée d
mauvais état des Chemins de la Pro
vince de Bretagne , auroit ordon
né que les Generaux des Finance
procederont à la viſite des Ponts
Chauſſées & grands Chemins où le
reparations ſont les plus urgentes
afin d'y eſtre pourveu.

Pour faciliter l'execution de c
Arreſt , Monſieur le Marêchal d'E
trées Commandant pour Sa Maje
ſté en la Province de Bretagne ,
Monſieur de Pomereu Commiſſai
départi , donnerent les ordres le
May 1690. portant que la largeu
des grands Chemins feroit rédui
à vingt-quatre pieds.

Les Generaux des Finances fire
une viſite generale des grands Ch
Ces Or- mins de la Province de Bretag
donnances en l'année 1690. afin de pourvo
ſont aux aux réparations les plus urgente
Archives ils rendirent leurs Ordonnances po
de la Ge-
neralité.

faire affembler les habitans des Paroiffes à certains jours dans les lieux qui étoient défignés, avec leurs Bœufs, Charettes & Chevaux, & tous les uftancilles neceffaires. L'on condamnoit à foixante fols d'amande ceux qui s'abfentoient fans excufe legitime.

Cette vifite produifit un bon effet par toutes les précautions qui furent apportées pour rendre les Chemins praticables.

Le foin de reparer & d'entretenir les Chemins étoit une Charge des heritages adjacents felon le Droit Romain, auquel les Ordonnances de nos Roys font conformes, elles ont fervi de motif à l'Arreft du Confeil du 18. Juillet 1670. que j'ay jugé à propos d'inferer dans ce Chapitre.

EXTRAIT
DES REGISTRES
DU CONSEIL D'ETAT
DU ROY.

Liv. de l'expofi-
tion des
Coûtumes
fur les
Chemins
page 28.

LE ROY en fon Confeil ayant receu diverfes plaintes des Marchands & Negotiants de la Province de Normandie, que la plufpart des Chemins Royaux font ruinés, faute par les Riverains & Proprietaires des Terres fituées le long d'iceux de les avoir entretenus & reparés de temps à autre, ainfi qu'ils y font obligés par les anciennes Ordonnances des Roys Henry II. Charles IX. Henry III. Henry IV. & Louis XIII. pere de Sa Majefté, & par tous les Reglemens donnés fur le fait de la Voyrie : même aucuns defdits Proprietaires fe font emparés defdits Chemins & les ont enfermés dans leurs Terres, & au lieu d'iceux en ont donné d'autres plus détournés qui n'ont pas la largeur de vingt-quatre pieds, & plusieurs autres y ont planté des hayes & des arbres fruitiers, lesquels par leurs branches occupent presque tous lesdits Chemins, & empêchent par leur ombrage qu'ils ne deséchent aprés les pluyes : & *Sa Majesté* voulant pourvoir à ce que lesdits Chemins soient entretenus suivant & conformément ausdites Ordonnances, & empêcher l'usurpation & entreprise desdits Riverains Proprietaires : Ouï le rapport du Sieur Colbert Conseiller ordinaire au Conseil Royal, Controlleur General des Finances. SA MAJESTE' en son Conseil conformément ausdites Ordonnances, a ordonné & ordonne que tous les grands Chemins Royaux de ladite Province de Normandie auront du moins vingt-quatre pieds de passage libre & commode., & sans que ladite largeur puisse estre occupée par des hayes, fossés ou arbres, & s'il s'en trouve presentement sur l'étenduë d'iceux, ils seront coupés, remplis & arrachez huitaine aprés la signification du present Arrest par les Proprietaires d'iceux, ou à leurs frais & dépens ; fait défenses à tous Proprietaires & Riverains de planter aucuns arbres le long desdits grands Chemins, qu'à dix piéds de distance de chaque bord d'iceux. Ordonne que lesdits Chemins & ceux de traverse feront incessamment reparés & entretenus aux frais & dépens des Proprietaires des Terres des Paroisses où se trouveront les mauvais Chemins avec des cailloux, gravier ou fascines, suivant les Ordonnances à la diligence de ses Procureurs des Sieges des Vicomtés & autres de ladite Province, lesquels informeront contre ceux qui ont fermé & détourné lesdits Chemins, & en envoyeront les Procez Verbaux aux Tresoriers de France des Generalités de Roüen, Caën & Alençon, pour y être par eux pourveu, ainsi qu'il appartiendra par raison.

L'Ordonnance de Blois porte que les grands Chemins feront réduits à

leur

leur ancienne largeur, nonobſtant toutes les uſurpations qui ont été faites.

Il eſt du devoir des Treſoriers de France de tenir la main à l'execution de cette Ordonnance, pour éviter les inconveniens qui arrivent lorſque les Chemins ſont trop étroits, parce que le paſſage frequent des Caroſſes & des Voitures dans la même voye, cauſe des cavités, qui rendent les Chemins impraticables.

L'on peut connoître les uſurpations qui ont eſté faites de la largeur des Chemins, en comparant l'état où ils ſe trouvent avec celuy des deux extremités des Chemins ; lorſqu'ils ſont trop étroits on doit y ſuppléer en prenant ſur les Terres voiſines l'eſpace neceſſaire à la juſte largeur : C'eſt le ſentiment de Pontanus ſur la Coûtume de Blois. *Ad ampliandas vias debet ſuppleri ex proximo & circumjacente agro, quod deeſt ex juſta latitudine.*

Cette maxime eſt fondée ſur un principe certain, que les Chemins appartiennent au public par rapport au droit que l'on a d'y passer & d'y repasser, & que la prescription ne court pas contre le public : *Viam publicam populus amittere non potest.*

Par cette raison l'on ne peut apporter du changement à la largeur des Chemins, ni les supprimer, ni en substituer d'autres sans l'autorité du Roy : *Cum ei, & in eum populus omnem suam potestatem transtulit.*

Les Tresoriers de France doivent y pourvoir selon l'exigence des cas & les Reglemens de la Voyrie.

Le remede le plus assuré pour conserver les Chemins, est d'obliger les Proprietaires & les Detempteurs des Terres voisines de couper les branches des arbres qui s'étendent dans les Chemins, qui causent de l'embaras aux Voituriers, & empêchent les vents & les rayons du Soleil d'y penetrer avec assés de force pour les dessecher ; d'où il arrive que les animaux y font des cavités où les eaux croupissent, & dont le public reçoit l'incommodité, ce que Leon Albert a rapporté au sujet des habitans de

Ravenne : *Videre istuc licet sub arbo-*
ribus quæ propter viam sunt , quod so-
lum illic tardiùs siccetur fovente um-
brâ fieri ex quadrupedum attritu la-
cusculos , qui collecto imbre semper com-
madescant atque dilatentur.

Lib. 1. de re ædific.

Par cette raison on doit obliger
les Proprietaires ou Detempteurs des
Terres situées le long des Chemins,
de tondre au moins une fois par
année les hayes vives qui bordent
les Chemins, afin que les épines
& les rameaux ne puissent incommoder les Passans : *Nam etiam*
vites in arboris appellatione continen-
tur.

L. 1. & 3. ff. de ar- bor. furt. cæf.

Il est deffendu par les mêmes
Loix à ceux qui bâtissent auprés des
grands Chemins, d'y entreposer les
materiaux lorsqu'ils empêchent la
liberté du passage ; on excepte neanmoins une necessité urgente pour
un temps modique, pendant lequel
ils doivent donner un passage convenable sur leurs Terres, ce qui doit
être pareillement observé par les
Riverains ou Detempteurs des Terres situées auprés des Chemins,

P ij

lorsqu'ils n'ont pas la largeur neceſſaire, ou bien qu'ils ſe trouvent impraticables par les bourbiers, par les glacieres, par les pierres, & par les encombrements qui empêchent les Gens de pied, les Chevaux & Voituriers d'y paſſer en liberté ; dans ce cas il eſt permis aux Paſſants de faire ſans abus l'ouverture neceſſaire dans les Terres voiſines, juſqu'à ce que les Chemins ayent eſté reparés.

Cette déciſion eſt celle de Guy Pape : *Si Via publica deſtruatur, Judex præcipiet fieri viam per fundum vicini, quæſt. 444. n°. 4. cum fluminis impetu vel ruinâ via amiſſa eſt, vicinus viam præſtare debet.*

Les Riverains ſont obligés de recevoir les eaux qui peuvent s'écouler des fonds qui ſont plus élevés, de border les Chemins de foſſés, de nettoyer ceux qui ont eſté faits : *Fundus inferior tenetur recipere aquam provenientem ex fundo ſuperiori, etiam ſi fundo inferiori noceat.*

Il faut obſerver que ſi on négli-

ce d'ôter les encombremens , &
qu'à cette occasion il arrive quelque accident ou quelque perte ,
que les Contrevenants doivent être
responsables des dommages & interêts , dont la connoissance & li-
quidation appartiennent aux Tresoriers de France , comme étant une
dépendance de la Voyrie , selon l'E-
dit de Neufchâtel donné au mois de
May 1635.

Quand le Chemin qui doit être
élargi est bordé également de part
& d'autre de murailles , de hayes
vives & palissades , les deux abou-
tissans ne sont pas obligés de retirer leurs clôtures , mais celuy qui
peut le faire avec une moindre dépense & rendre le Chemin plus
droit & plus commode ; alors il
doit être dedommagé de la moitié
de la valeur du fond qu'il donne
& de la moitié des frais de la démolition & du rétablissement , par
celuy des abouttissans auquel on a
conservé la clôture : *Frustra enim L. 74. ff.*
fieret per plura quod potest fieri per de reg.
pauciora. . . . . . & non debet alteri jur.

per alterum iniqua conditio inferri.

Les Etats de la Province de Bretagne laiffent des fonds à leur Treforier pour les employer aux reparations des grands Chemins, des Ponts & Chauffées dans les lieux où les droits de peage ne font pas établis : lorfque les fonds affignés par les Etats font épuifés, ou qu'il arrive que la deftination en eft changée, les Riverains doivent prendre le foin de reparer les Chemins fitués le long de leurs Terres ; il convient d'y faire contribuer les Communautés voifines au cas que les reparations foient confiderables : *L. 10. ff. de reg. jur.* *Secundùm naturam eft commoda eum fequi quem fequuntur incommoda , & è contra.*

Les perfonnes privilegiés ne peuvent fe difpenfer des reparations des Chemins : *Non funt enim immunes ab inftructione itinerum , feu Viarum munitione. Cod. de itin. mun. L. ad inftruct. cod. de facro-fanct Ecclef.*

Ce qui eft conforme au Droit françois exprimé dans les Capitu-

laires de Charlemagne au chapitre
107. du sixiéme Livre : *Possessiones
ad religiosa loca pertinentes nullam
descriptionem agnoscant , nisi ad con-
stitutionem Viarum , vel Pontium , si
tamen intra eadem loca habuerint possessiones.*

✿✿✿✿✿✿✿✿✿✿✿✿✿✿✿✿✿✿✿✿✿
✿✿✿✿✿✿✿✿✿✿✿✿✿✿✿✿✿✿✿✿

CHAPITRE VII.

Des Peages.

LE Peage est un Droit Seigneu-rial qu'on prend sur les Hom-mes, sur le Bêtail, sur les Chevaux les Carosses, Chariots, & sur le autres voitures qui passent dans le lieux où ces Droits sont établis.

L'étimologie de ce mot se tire du mot *payer*, ou de *Paagium* qui es abregé de *Paßagium* qu'on trouv dans quelques Auteurs Latins, o bien de *Pagus* ou *Pays*, comm *Patrium vectigal*; appellatur *Pædagiun* Claudien *in antiquis instrumentis & statutis, & in canone si quis Romipetas causa* 24 *quæst.* 3. *& in stylo Parlamenti, e portorii & vectigalis genus quoddam* (τὸ τέλος, τέλεσμα) *mercium vectigal, po torium venalium; à quo milites immu nes erant, nisi in iis quæ væno exer cerent: Tacit. lib.* 13. *annal. cap.* 5

Les Ordonnances & les Coûtumes ont donné divers noms au Droit de Peage, il eſt appellé Pontenage au paſſage des Ponts, Barrage à l'entrée des Villes, des Bourgs & des Villages, à cauſe de la barre que l'on met ſur le Chemin pour aſſujetir les Contribuables; on l'appelle Billette aux paſſages des campagnes où l'on a mis un Billot de bois, pour ſervir de ſignal du Droit qui doit être payé; on l'appelle auſſi Droit de Prevôté, c'eſt à-dire Droit caſuel; Droit de Roüage, quand il ſe leve ſeulement ſur les Caroſſes & ſur les Chariots; on l'appelle Droit de travers, parce qu'il eſt levé ſur ceux qui paſſent au travers des Terres des Seigneurs peagers; enfin le Droit de Peage eſt appellé Droit de Coûtume, parce qu'il a eſté établi ſans titre en differens lieux: *Pontaticum in pragmatico quodam Caroli magni quod excuſum eſt apud Aimonium lib. 5. cap. 1°. pulveraticum, ſalutaticum, ciſpitaticum, ceſpitaticum, cepiſtaticum, ripaticum, rotaticum; navaticum in an-*

tiquis instrumentis, & in illa Charta veteri ; & apud Marculphum non excusum in formula immunitatis regiæ, quæ sunt telonei species ; sic & olim exigebatur portorium rerum venalium quod ἐπώνιον πωρένειον, Vectigal pro exportandis mercibus : & mancipes vel telonarii qui quæstus sui causa portum redimebant, portiores appellabantur. Cicero in Pisonem, Senec. l. 6. de beneficiis : Asconius in divinat. Ciceronis : Nonius, vectigal portus l. 17 de verborum signific. portorium τέλος ἐ λιμένι τέλος πύλης portarium glossis, vectigal in porta. Sed & vectigal præstabatur in transitu Pontis. L. cum in plures §°. penult. ff. locati, in Pontibus aliquid pro transitu datur. Seneca lib. 2. ad Serenum cap. 14.

Il y a quelque différence entre le Droit de Peage & le Droit de travers, en ce que le Droit de Peage est payé par ceux qui conduisent les Bestiaux, les Marchandises & les Voitures dans les Chemins & sur les Ponts où les Peages sont levés ; le travers est un Droit particulier que les Seigneurs ont fait

Loyseau pag. 97. du Traité du droit de Police.

percevoir ſur les marchandiſes qui étoient enlevées de leur territoire.

Pour connoître l'origine de ce Droit, il faut remonter juſqu'au temps auquel les Ducs & les Comtes ont gouverné les Villes & les Provinces : ils firent adminiſtrer la Juſtice par leurs Officiers ſur la fin de la ſeconde race de nos Roys ; les Seigneurs des Châteaux, des Bourgs, & des Villages jugerent qu'il étoit à propos d'exercer le même pouvoir dans l'étenduë de leur territoire, & de s'oppoſer au tranſport des marchandiſes chez leurs voiſins, pour avoir un pretexte de percevoir un Droit de travers ou de ſortie. *Voyez Mathieu Dauzelle au traité des Peages.*

Voilà quelle eſt la ſource des Droits Seigneuriaux, dont les Seigneurs ont rendu enſuite à nos Roys les aveus & les dénombrements de leurs Droits, qui ont eſté receus par les Commiſſaires & par les Officiers auſquels la connoiſſance en a eſté renvoyée ; on a eu égard à la poſſeſſion centenaire, dont la preuve doit être admiſe en pareil cas selon la disposition de l'Arrest du Parlement de Paris du 10. Novembre 1548. qui est conforme à la loy, *hoc jure ff. de aqua quot. & æstiv.*

Il est deffendu aux Seigneurs de quelque qualité & condition qu'ils puissent être, de lever aucuns Droits de Peage sans avoir obtenu des Lettres de permission de Sa Majesté, ou sans y avoir esté autorisé par la reception des aveus contenans une Déclaration précise de leurs Droits. *Vectigalia enim nata non sunt, sed constituta à Principe... Et si quid Vectigalis nomine exactum sit quod à Principe constitutum non sit, non solum non debetur, sed exactum restituitur. Nulli enim sine Imperatorum vel Regum rescripto vel concessione Vectigalia constituere aut reformare licet... hujusmodi jura de regalibus sunt.* Ce qui est porté pareillement au titre *quæ sint regalia in usibus feudorum cap. super quib. §°. præterea extra de Verb. signific. L. Vectigalia ff. de public. & Vectig.*

Leg. unica de exact. trib. cod. lib. 10.

Il y a des Lettres Patentes du 1. Fevrier 1385. dans l'armoire 9. casſette D. des Archives de Bretagne au Château de Nantes, par leſquelles Jehan IV. Duc de Bretagne fait deffenſes aux Seigneurs de Bretagne de lever aucuns deniers ſur le peuple.

Ces Loix ſont fondées ſur la liberté publique à laquelle les Droits de Peage ſont oppoſés ; de - là vient qu'on n'en peut faire la levée ſans y être authoriſé par Sa Majeſté ſur les peines portées par les Ordonnances.

Le Procureur du Roy doit faire appeller ceux qui prétendent exercer les Droits de Peage pour repreſenter leurs Titres, & les obliger enſuite d'afficher un Extrait des Droits, ou Pancarte dans un tableau qui ſera mis où les Droits ſeront levés.

Ordonn. d'Orl. art. 130. & la Déclarat. de 1661.

On doit pourſuivre par la voye extraordinaire ceux qui perçoivent ces ſortes de Droits ſans titre.

Julius Capitolinus a dit au ſujet de Marc - Aurelle : *Dedit præterea Curatoribus Regionum ac Viarum , ut vel punirent vel ad Præfectum Urbis*

puniendos remitterent eos qui ultrà Ve-
ctigalia quicquam ab aliquo exegiſ-
ſent.

Les Seigneurs qui levent les Droits
de Peage ſont dans une obligation
indiſpenſable & impreſcriptible de
faire travailler à la refection & aux
reparations neceſſaires à l'entretien
des Chemins , des Ponts & des Chauſſées de leur territoire : *Cum quidpiam*
æris in tranſitu ad Pontem exigitur,
eo caſu refectio ad eum pertinet qui
exigit à tranſeuntibus.

On a porté cette obligation dans
les ſiecles precedens juſqu'à les aſſujetir de veiller à la ſeureté des
Paſſants , & de répondre civilement
des vols & des meurtres qui étoient
commis dans le territoire où les
Droits de Peage étoient levés. *Tra-*
ditur à Doctoribus eos qui colligunt
pædagia alicubi , debere tenere ſtratas
tutas tàm à latronibus quàm à diffi-
cultate Itinerum : alioqui teneri ad dam-
na reſarcienda, quod hoſtienſis dicit. §°.
ex quib. in ſumma titul. de cenſibus.
Bald. cap. 1. §°. conventiculas titu. de
pac. Conſt. Corn. conſi. 181. vol. 3.

Voyez la
Declarat.
de 1663.

Darg. ſur
la Coût. de
Bretagne
pag. 217.
Edition de
1608.

Bocrius ſur
la Coût. de
Tours art.
5.

Darg. ſur
la Coût.
de Bretag.
p. 2095.

Decius conſil. 534. Put. lib. de Synd.
verb. poteſt. artic. 54.

Du Tillet a recueilli pluſieurs Arreſts du Parlement de Paris qui ont établi cette Juriſprudence, entr'autres celuy qui a été rendu à la ſceance de la Purification de l'année 1254. contre le Sieur de Crevecœur : un autre Arreſt rendu dans une pareille ſceance de l'année 1269. contre le Proprietaire des Peages de Vierſon : celuy rendu contre le Comte de Bretagne dans la ſceance de la Pentecôte de l'année 1273. Autre rendu dans l'aſſemblée de Touſſaints en l'année 1287. contre le Comte d'Artois.

Voicy celuy qui a eſté rendu dans la ſceance de la Purification de l'année 1269.

Conquerebantur Guillelmus Morelli & Stephanus Chanarde mercatores, quod cum ipſi die Veneris ante feſtum beati Gervaſi præteriti venirent de nundinis de Ponte Ferrand per ſolia-cum eundo apud Virſionem deſrobati fuerunt hora nona de IIIIˣ. VIII. l. 2. ſ. quas portabant inter villam de Mo-

Voyez les preuves de la Maiſon de Chaſtillon par Ducheſne page 87.

184 *TRAITÉ DU DROIT*

nasterio, & Combelay in loco de quo facta est ostensio qui locus est infrà Pædagium vel fines Pædagii Virsionensis, vel &c. in justitia Domini de Sacros &c. petentes quod Dominus Rex sibi dedi faceret damna sua. Dominus Rex volens scire in quo Pædagio hoc actum fuit, & utrum ità actum fuit, fecit super hoc inquiri per Ballivum, quâ inquestâ factâ & visâ, quâ probatum est quod ipsi mercatores desrobati fuerunt infrà metas Pædagii Domini Virsionensis, condemnatus fuit per Curiam idem Dominus ad restituendum ipsis Mercatoribus sibi ablata. Actum in Parlam. candell. anno Domini 1269.

Cela s'observe encore dans quelques endroits d'Angleterre & d'Italie, où il y a des Gardes appellés Stationnaires, qui sont établis pour veiller à la seureté des Marchands : *Ergo hoc jus vetustissimum, & adhuc in more positum in quibusdam regionibus Italiæ.*

Ragueau Ind. du Droit François.

Cet usage n'est plus observé en France, où l'on a suffisamment pourveu à la seureté des Voyageurs par

par la création des Sieges Presidiaux
& des Officiers dans les Marêchauf-
sées, qui sont obligés de faire des
visites ou chevauchées pour purger
les Chemins des vagabonds & des
voleurs.

Les Proprietaires des Droits de
Peage ne sont pas receus à y re-
noncer sous pretexte que les reparations montent à des sommes ex-
cessives, ou bien qu'il est necessaire
de rebâtir à neuf les Ponts & les
Chaussées ; parcequ'au moyen de
l'infeodation des Droits de Peage
les Seigneurs ont contracté une obligation qu'ils ne peuvent resilier que
du consentement de Sa Majesté :
Cette maxime a esté confirmée par
l'Arrest du Parlement de Paris du
4. Mars 1562. Je l'ay jugé en conformité en faveur du Procureur du
Roy de nôtre jurisdiction contre
Madame la Duchesse de Lesdiguie-
res & de Rays : Voicy le fait.

Les Ducs de Rays sont obligés
de faire reparer les Ponts de saint
Philbert, de grand Lieu, & de saint
Martin, en consideration des Droits

Q

de Peage dont ils joüiſſent : Il y a prés de cent ans que ces Ponts ſont rompus, & qu'on a mis des Bâteaux pour ſervir de paſſage aux gens de pied, aux beſtiaux & aux chariots, ſur leſquels les Ducs de Rays ont continué de percevoir les Droits de Peage exprimés dans les aveus qu'ils ont rendus au Roy, & qui ont eſté receus par les Commiſſaires de la reformation de ſon Domaine en Bretagne.

Le Procureur du Roy fit ſa remontrance touchant le préjudice que le public reçoit de la rupture de ces Ponts ; parce que l'inondation des eaux & l'impetuoſité des vents qui regnent en hyver, rendent les paſſages perilleux & ſouvent impraticables, dont on a veu des exemples funeſtes depuis vingt années, & conclud au rétabliſſement des Ponts.

Sur cette remontrance on luy permet d'appeller Madame la Ducheſſe de Leſdiguieres · & de Rays pour répondre à ſes concluſions.

Gourdon plaidant pour la Duchesse répondit qu'on ne peut l'obliger à faire rebâtir à neuf les Ponts de saint Philbert, de grand Lieu, & de saint Martin, puisqu'elle est en possession immemorialle d'y entretenir des batteaux de passage qui se trouvent équipés d'une maniere convenable au bien & à la commodité du public.

Les Pieces mises sur le Bureau, je rendis une Ordonnance le 28. May 1704. portant que la Duchesse de Rays fera construire & réedifier incessamment les Ponts en question, &c.

En execution de cette Ordonnance les Ponts ont esté rebâtis avec tout le soin & la dépense necessaire à des ouvrages aussi considerables.

Par la Déclaration du Roy donnée au mois de Janvier 1663. il est deffendu aux Marchands & Voituriers de frauder les peages à peine d'être procedé contr'eux suivant la rigueur des Ordonnances.

Ceux qui passent dans lieux où les Peages sont établis, ne peuvent se dispenser de payer ce qui est deu, s'ils n'ont obtenu de Sa Majesté un privilege special à l'exemple de ceux dont il est parlé dans le Traité des Peages composé par Mathieu de Vauzelles : il dit que par les privileges des foires de Lyon, il est porté que les Marchandises que l'on y conduit, & celles que l'on fait revenir ne payeront aucuns Droits de Peages ; qu'il en est de même des Bleds & des autres denrées destinées aux alimens des peuples dans un temps de famine.

Bouchel a rapporté plusieurs Arrests du Parlement de Paris qui ont esté rendus en faveur des Bourgeois de la ville de Toulouse pour l'exemption des Peages qui se levent dans l'étenduë de la Comté & Senechaussée, tant pour eux que pour leurs marchandises & leurs bestiaux, en conformité des anciens privileges qui leur ont esté accordés par les Comtes de Toulouse.

Il y a des Arrests du Parlement de Paris qui ont affranchi les Enfans de France & les Princes du

Sang Royal du payement des Droits de Peage pour ce qui concerne la provifion de leur Maifon ; l'un de ces Arrefts a efté rendu le 8. jour de Juin 1387. en faveur de la Duchefse d'Orleans fille du Roy Charles le Bel ; l'autre du 18. Mars 1388. au profit du Comte d'Alençon : il porte que les Princes du Sang feront exempts des Droits de Peage jufqu'à la fixiéme generation.

Cette exemption a efté pareillement en ufage pour ceux qui conduifent des vivres en l'oft (ou l'Armée du Roy.) *Nihil debent quæ exercitui parata funt. l. 9. §°. res quæ ff. de public.*

Les Religieux ne font pas exempts de payer les Droits de Peage ; le Parlement de Paris l'a decidé par l'Arreft du 24. May 1583. inferé dans les Plaidoyés d'Anne Robert page 249. au fujet d'un Procés intenté aux Religieux de l'Abbaye de S. Victor de Paris, par les Maîtres des Chauffées & du Pavé d'Orleans, dont voicy les raifons qui ont efté alleguées par les parties.

Les Religieux de S. Victor ont prétendu établir leurs privileges sur la disposition des Loix Romaines, qui ont attribué aux Ecclesiastiques l'exemption des Charges réelles & personnelles par la Loy *Placet*, au Code de *sacrosanctis Ecclesiis* : ils ont soûtenu que les Moines doivent joüir de ce privilege avec d'autant plus de raison qu'ils ne possedent ni argent ni autre bien en particulier, qu'ils ont renoncé au monde pour accomplir leurs vœux ; enfin que l'Abbaye de S. Victor a esté honorée de plusieurs privileges par les Papes & les Roys, desquels on ne peut excepter l'exemption de contribuer à la refection & l'entretien des Chemins publics, selon l'esprit de la Loy : *Cui muneri, ff. de muneribus & honoribus.*

Anne Robert plaidant pour les Maîtres des Chaussées de la ville d'Orleans, répondit que les reparations des Chemins sont des Charges purement locales, qu'il est juste que celuy qui s'est servi du Chemin soit tenu de le rétablir dans

son premier estat selon la Loy fina-
le. *ff. de Via publica & itinere refi-
ciendo* : Que toutes sortes de privileges accordés aux Monasteres &
aux Eglises doivent cesser en pareil cas suivant la Loy, *ad institu-
tiones*, au code *de sacro sanctis Ecclesiis*, qui porte ce qui suit : *Ad in-
stitutiones Itinerum Pontiúmque etiam
divinas Domos & venerabiles Eccle-
sias tam laudabili titulo lubenter ad-
scribimus* : Que cette disposition a
esté confirmée par les Capitulaires
de Charlemagne ; enfin que les
exemptions & les privileges accor-
dez aux Religieux de S. Victor ne
doivent avoir leur effet que sur
les impositions & sur les charges ordinaires.

Sur ce Plaidoyer il y eut Arrest
le 24. May 1583. par lequel la Cour
ordonne, que le Peage ou Barrage
destiné aux reparations & à l'entretien des Chemins publics sera levé
sur toutes sortes de personnes, sans
avoir egard aux privileges des Ecclesiastiques.

J'ay jugé cette question en conformité en l'année 1704. pour le Procureur du Roy contre les Religieux de l'Abbaye de Genefton & les Religieux Benedictins de l'Abbaye de Rhedon au fujet des reparations neceffaires au Pont - Jâme & au Pont de la Ville de Rhedon.

Le Parlement de Bretagne par l'Arreft du dixiéme Fevrier 1574. a fait injonction aux Seigneurs Peagers de quelque qualité & condition qu'ils foient de reparer les Chemins, les Ponts & les Chauffées à peine d'être procedé contr'eux par faifie de leur Terres & Seigneuries.

Voyez Dufail de la Heriffa'e au Recueil d'Arrefts du Parlement de Bretagne.

Les Generaux des Finances doivent tenir la main à l'execution de cet Arreft, depuis qu'il a plû au Roy de leur attribuer la connoiffance de tout ce qui concerne la grande & petite Voyrie dans l'étenduë de la Province de Bretagne.

Lorfque les Chemins, qui doivent être reparés par les Seigneurs Peagers, ont efté degradés par les Proprietaires

Proprietaires des fonds aboutiſſants, ſoit en y faiſant du fien, ſoit pour y avoir jetté les pierres qui étoient dans leurs terres, ſoit pour avoir negligé de tondre les hayes vives ; dans ces cas les Proprietaires ou Riverains dont nous parlons doivent rétablir les Chemins & donner une largeur convenable : *Non enim debet alteri per alterum iniqua conditio inferri. l. 74. ff. de reg. jur.*

La Coûtume de Bretagne porte que les Seigneurs doivent mettre les deniers de leurs amandes à reparer les Chemins ; ſuivant la diſpoſition de cet article, le Parlement de Rennes a ordonné par l'Arreſt du ſeptiéme Mars 1645, que les amandes exprimées dans les Sentences renduës par les Juges inferieurs ſeront employées aux réparations des Chemins.

M. Perchambault obſerve ſur cet article de la Coûtume de Bretagne, que les amandes ont eſté deſtinées aux dépenſes neceſſaires à l'entretien des Chemins ; mais cet uſage

Art. 49. de la nouvelle Coûtume.

Dufail de la Heriſſaie pag. 777. Arreſt de Bretagne.

Inſtitut. de Perch. au titre des Juriſd.

R

a changé par les fonds que les Etats
de Bretagne ont coûtume de laisser
à leur Treforier pour payer les reparations qu'il convient de faire
aux Chemins, aux Ponts, & Chauffées ; quand ces fonds font épuifés,
alors les Riverains & les Communautés voifines doivent contribuer
à reparer les Chemins qui font en
mauvais état.

L'une des preuves la plus auten-
tique de l'exercice de la Jurifdiction
en Bretagne des Generaux des Finances à cet égard, eft celle que
l'on peut tirer des Procés verbaux
de vifite qu'ils ont rapportés, dont
la meilleure partie regarde les ordres & les Commiffions qu'ils ont
donnés aux Senechaux, & Juges
Royaux de Bretagne, pour voir &
vifiter les Chemins & les Ponts qui
doivent être entretenus aux dépens
des Seigneurs Peagers.

Parmy un grand nombre d'Actes
qui font dépofés aux Archives de la
Chambre des Comptes de Bretagne,
j'ay jugé qu'il étoit à propos de rapporter une partie du Procés verbal qui

ſuit : FRANÇOIS MIRON «
Seigneur de Villeneuve, Conſeil- «
ler du Roy, Treſorier de France «
General des Finances en Breta- «
gne ; ſçavoir faiſons, que ſur l'a- «
vertiſſement à Nous cy-devant «
donné par Me. Jean Bonnier Pro- «
cureur du Roy en la Senechauſ- «
ſée de Rennes, que le paſſage «
du Pont Pean ſur le grand Che- «
min conduiſant de Rennes à Nan- «
tes étoit dû tout ruiné & depa- «
vé, de ſorte que l'on n'y peut «
aucunement paſſer ni à pied ni à «
cheval, & étoit requis de le re- «
parer, Nous aurions ordonné qu'il «
ſeroit deſcendu ſur les lieux par «
le Senechal dudit Rennes en pre- «
ſence dudit Procureur du Roy pour «
en faire état & Procés verbal, & «
à ce appellé artiſans & gens à ce «
connoiſſants ; lequel Procés ver- «
bal nous ayant eſté repreſenté par «
ledit Procureur, & iceluy veu, «
Nous aurions ordonné qu'il ſeroit «
banny à qui pour moins voudroit «
entreprendre de paver la Chauſſée «
dudit Pont Pean au deſir dudit Pro- «

Arch. de la Cham-
bre des Comptes à
Nantes.

R ij

» cés verbal & devis en fait.

Je finiray ce Chapitre par les Ordonnances & les principaux Reglemens du Conseil, qui ont esté rendus touchant les Peages.

EXTRAITS

des Edits, Declarations, Arrests & Reglemens rendus pour les Tresoriers de France & Generaux des Finances de Bretagne, sur la jurisdiction des Chemins, Ponts & Passages de leurs Generalités.

EXTRAIT

de l'Ordonnance de Loüis XII. du mois d'Octobre 1508. art. 18. dans Font. tome 2. page 55.

LOUIS, par la grace de Dieu, &c. A tous ceux qui ces presentes Lettres verront, Salut. &c.

Avons donné pouvoir aux Tresoriers de France de voir ou faire voir & visiter tous Chemins, Chaussées,

Ponts, Pavés, Ports & Paſſages de nôtre Royaume, & eux informer ou faire informer & enquerir de l'état en quoy ils ſont, & s'il y en a aucuns eſquels pour le bien de Nous & de la choſe publique, il ſoit beſoin de faire réparations & édifices, & emparemens, de les faire faire de nos deniers, au regard de ceux qui ſont en nôtre charge, & des autres qui ſont en la charge d'autruy, & qui pour ce faire ont & prennent Peage, Pavage, Barrage, & autres treux & devoirs, qu'ils les contraignent chacun en leur égard à les faire faire ſelon qu'ils y ſont tenus &c. Donné à Roüen le vingtiéme jour d'Octobre, l'an de grace 1508. & de nôtre Regne le onziéme, ainſi ſigné par le Roy, Monſieur le Cardinal d'Amboiſe Legat en France & autres preſens : GEDOYN, *& ſcellé en double quenë de cire jaune.*

EXTRAIT

de l'article 9. de l'Edit portant union des Charges de Treforiers de France avec celles de Generaux des Finances fous une feule & même Charge, avec le même pouvoir & autorité qu'avoient les anciens Treforiers de France & les anciens Generaux des Finances. Dans Fournival page 183. Enregiftré en la Chambre des Comptes de Bretagne fur le Livre noir étant entre les mains du Garde.

HENRY par la grace de Dieu, Roy de France : A tous prefens & avenir, Salut, &c. Chacune année expirée ledit Treforier General fortira de la Ville & Siege de fa Generalité, & fera fes chevauchées & vifitations de fa Charge, & s'informera des reparations ne-

cessaires &c. Qui sont les fruits
utilités que l'on peut esperer & a
tendre desdites chevauchées., &
Donné à Blois au mois de Janvi
l'an de grace 1551. & de nôtre R
gne le cinquiéme. *Signé*, HENR
& au dessous Visa ; par le Roy éta
en son Conseil, BURGENCI
& scellé en lacs de soye du grai
Sceau de cire verte.

E X T R A I

de l'Ordonnance d'Orlea
du mois de Janvier 1560.
l'article 107. rapporté da
Font. tom. 3. pag. 80.

CHARLES, par la grace
Dieu, Roy de France &c. Ce
à qui les Droits de Peages app
tiennent, seront tenus d'entrete
en bonne & deuë reparation
Ponts, Chemins & Passages ;
trement & à faute de ce faire, N
enjoignons à nos Procureurs fa
saisir & mettre en nôtre main
revenu desdits droits, & iceluy fa

employer aux reparations necessaires : & où il ne suffiroit , repeter les deniers de ceux qui les auront receus jusqu'à la concurrence desdites reparations &c.

EXTRAIT

de l'Ordonnance de Blois donnée au mois de May 1579. rapportée dans Font. tom. 3. pag. 81. art. 282.

HENRY, par la grace de Dieu, Roy de France & de Pologne : A tous presens & avenir , Salut, &c.

Abolissons & interdisons tous Peages & Travers nouvellement introduits, qui ne sont fondez en titres ou possession legitime ; & seront ceux à qui lesdits Peages & Droits appartiennent tenus entretenir en bonne & duë reparation les Ponts, Chaussées & Passages , & garder les Ordonnances qui ont esté faites par les Roys nos predecesseurs , tant pour la forme du payement desdits

Droits en deniers, que pour l'affiche & entretenement d'un Tableau
ou Pancarte, le tout fur les peines
portées par lesdites Ordonnances,
& de plus grande s'il y échet, &c.
Donné à Paris au mois de May l'an
de grace 1579. & de nôtre Regne le
cinquiéme. *Signé*, HENRY. *Et
plus bas*, par le Roy en fon Confeil.
BRÛLART.

EXTRAIT

de l'Arreſt du Conſeil d'Etat du 2. Avril 1605. par lequel il eſt ordonné aux Treſoriers Generaux de France, faiſant leurs chevauchées, d'informer & dreſſer état des Peages & des deniers qui ſe levent ſur les habitans des Paroiſſes de leurs Generalitez pour l'entretenement & reparation des Ponts, Pavés, Chemins, Chauſſées & Ouvrages publics, rapporté par Fournival à la page 1099.

LE ROY en ſon Conſeil dûëment informé de la negligence dont on a cy-devant uſé à faire reparer les Ponts, Chemins & Chauſſées de ſon Royaume, & les grands Peages & levées qui ſe prennent encore aujourd'huy ſur ſon peuple pour employer à cet effet, & deſirant y pourvoir & reconnoître au vray la commodité qui peut revenir au public de l'employ defdits deniers ; pour reprimer les abûs qui s'y font commis, Sa Majefté en fon Confeil a ordonné & ordonne, que les Treforiers de France Generaux de fes Finances faifant dorénavant leurs chevauchées, chacun d'eux en l'étenduë de leurs Generalités, feront tenus de dreffer un état bien exact des Peages qui fe payent par les Marchands, & des deniers qui s'impofent par les Habitants des Paroiffes, deftinés aux entretenemens & reparations des Ponts, Pavés, Chemins, Chauffées & autres ouvrages publics &c. Fait au Confeil du Roy tenu à Paris le 2. Avril 1605. *Signé*, BAUDOÜIN.

EXTRAIT

de l'Arreſt du Conſeil du onziéme Avril 1609. enregiſtré au Bureau des Finances de Paris, & raporté dans le Livre de l'expoſition des Coûtumes ſur la largeur des Chemins, de l'edition de 1687. page 54.

SUR la remontrance faite au Roy que les Seigneurs Peagers &c.

Le Roy ordonne, que commandement ſera fait à tous Peagers & Barragers de mettre les Chauſſées & Pavés en bon & ſuffiſant état, ſinon ſaiſir leſdits Peages. Enjoint aux Treſoriers de France de proceder à cette ſaiſie &c.

Et ſera fait viſitation de l'état des reparations neceſſaires, pour être par leſdits Treſoriers de France fait Bail au rabais &c.

E X T R A I T

de l'Arreſt du Conſeil d'Etat
du Roy, portant Reglement
general pour les fonction
des Treſoriers de France &
Generaux des Finances de
Bretagne.

LE ROY en ſon Conſeil a ordonné & ordonne, que leſdits
Treſoriers de France feront leurs viſites & chevauchées particulieres &
generales dans l'étenduë de leur Generalité conformément aux Ordonnances, & ſuivant les ordres du
Conſeil, appellant ſeulement avec
eux les Procureurs de Sa Majeſté en
chacune des Juriſdictions où ſeron
ſitués leſdits Domaines, ou leurs
Subſtituts en cas d'abſence, mala-
die ou autre empêchement; & lorſ
que pour leſdites Viſites, Procé-
verbaux d'icelles, collections des de
niers de Sa Majeſté ou autres affaires importantes, leſdits Treſorier
auront fait leurs taxes raiſonnable

aux Huiffiers de ladite Generalité &
à leurs Adjoints, Sa Majefté ordonne que lefdites Taxes auront lieu,
faifant défenfes à la Chambre des
Comptes & à tous autres Juges de
les revoquer ni moderer, ni prendre aucune connoiffance fur les Ordonnances defdits Treforiers, à peine
de nullité, caffation de leurs jugemens, & d'interdiction &c. Fait au
Confeil d'Eftat du Roy tenu à Paris
le feptiéme jour de Mars 1654. Collationné, figné, BOSSUET.

DECLARATION
du Roy du dernier Janvier
1663. en forme de Regle-
ment general pour la levée
des Droits de Peage, tant
par eau que par terre, dans
tout le Royaume, & pour
arrêter les abus qui s'y font
commis jufqu'à prefent.

LOUIS, par la grace de Dieu,
Roy de France & de Navarre:

A tous ceux qui ces prefentes Lettres verront, Salut. Comme un des principaux moyens de rendre nôtre Etat floriffant, & apporter l'abondance de toutes chofes à nos fujets confifte au rétabliffement du commerce, auffi n'avons-nous rien oublié depuis que Dieu nous a donné la paix pour le faire rétablir, ayant nonfeulement travaillé à affurer les Mers contre les Corfaires, par les Vaiffeaux que Nous avons armés & envoyés fur l'une & l'autre Mer, mais encore à faciliter le negoce avec nos Voifins & Alliez en renouvellant les anciens Traités faits avec eux pour ce fujet. Et parce que Nous avons eftimé que ce n'étoit pas y pourvoir fuffifamment de foigner au dehors, fi Nous n'apportions les remedes convenables au defordre du dedans, & ayant reconnu qu'il n'y avoit rien de plus important que de reprimer & arrêter tous les abus qui fe commettent aux Peages, foit par ceux qui les ont établis fans titre, ou qui ayant des titres legitimes ne les ont pas exercés legitimement

ment, ayant excedé dans la levée,
Nous aurions voulu en prendre nous-
même connoiſſance, & à cet effet
obligé les prétendans Droits de Peages és Provinces & ſur les principales Rivieres de nos Royaumes,
Pays, & Terres de nôtre obéiſſance,
de repreſenter leurs Titres, Tarifs,
& Pancartes, leſquels par Nous examinés dans nôtre Conſeil Royal,
Nous avons caſſé & ſupprimé ceux
qui n'avoient pas de fondement, &
réduit les autres aux termes de leurs
conceſſions, enſorte que le public
en recevroit un ſoulagement conſi-
derable ; mais la reformation de ces
abus & exactions ne pouvant avoir
tout le fruit & la durée convenable,
ſi elle n'eſt affermie par un bon Reglement. A CES CAUSES de l'a-
vis de nôtre Conſeil, où étoient nôtre tres-honorée Dame & Mere,
nôtre tres-cher & tres-amé Frere
unique le Duc d'Orleans, pluſieurs
Princes, Seigneurs & autres notables perſonnes, & de nôtre certaine
ſcience, pleine puiſſance & autorité
Royalle : Avons dit, ſtatué & or-

S

donné, difons, ftatuons & ordonnons, voulons & Nous plaît.

I. Que les Edits, Arrefts & Reglements faits par les Roys nos Predeceffeurs touchant les Peages qui fe levent par nos Sujets, tant par eau que par terre, fur les Paffans, Denrées & Marchandifes, foient exécutés; & conformément à iceux, faifons défenfes à toutes perfonnes de quelque qualité & condition qu'elles foient, d'établir aucuns nouveaux Peages, ni même d'entreprendre de les rétablir fous le nom & pretexte de Peage, Gabelle, Vingtain, refection de Ponts, Chauffées ou autres que ce foit, quelques titres qu'ils prétendent avoir recouverts, s'il y a eu interruption, qu'ils n'ayent Lettres de Nous bien & dûëment enregiftrées en nos Cours de Parlement, à peine de confifcation de corps & de bien, & même de leurs fiefs, que Nous déclarons audit cas réunis à nôtre Domaine.

II. Et parce qu'aucuns particuliers profitans des defordres paffez, auroient pris occafion de quelques legeres reparations à faire des Ponts & autres pretextes pour surprendre des Lettres portant établissement de Peages avec adresse aux Cours où ils pouvoient trouver plus de facilité, & évitant à dessein nos Parlements, Nous leur ordonnons de presenter leursdites Lettres, & en poursuivre l'enregistrement esdites Cours de Parlement dans trois mois, passé lesquels & faute dudit enregistrement ne pourront s'aider desdites Lettres ni continuer leurs levées, nonobstant qu'elles fussent enregistrées és autres Cours, & qu'elles ne fussent adressantes ausdits Parlements, à peine de concussion.

III. Tous Proprietaires ou Possesseurs d'aucuns desdits Droits, seront tenus de les inscrire en grosse lettre & bien lisible dans un tableau d'airain ou de fer blanc qu'ils afficheront au lieu où la levée s'en doit faire, à telle hauteur & endroit qu'ils puissent être lûs par les Marchands, Voituriers & Passants, lesquels demeureront déchargés comme Nous les déchargeons desdits.

S ij

Droits, aux jours que lesdits Tableaux ne seront exposés ; & en cas qu'à l'avenir & pendant dix années suivantes & consecutives lesdits Seigneurs Peagers n'ayent leursdits Tableaux exposés, Nous déclarons lesdits Droits prescrits, & en consequence nos Sujets, soit Marchands, Voituriers ou autres déchargés d'iceux à perpetuité, & sans que lesdits Seigneurs Peagers puissent être receus en preuve de leur joüissance & possession qu'en y joignant le fait de l'affiche desdits Tableaux , sans lequel Nous deffendons à toutes nos Cours & Juges d'avoir égard à leurs titres & possession prétenduë.

IV. Feront lesdits Proprietaires des Peages dans trois mois du jour de la publication des Presentes, enregistrer au Greffe du Bailliage plus prochain leursdites Pancartes, à peine de perte d'iceux, sous laquelle peine leur faisons deffenses de lever les Peages qu'aux lieux où ils sont établis, s'ils n'ont Lettres de Nous de translation bien & dûëment enregistrées en nos Cours de Parlement.

V. Enjoignons aux Commis ou Prepofez à la levée defdits Droits, de les lever fuivant lefdites Pancartes, & donner Quittance & fans frais des payemens qui leur feront faits, au deffus de cinq fols, & de tenir bon & fidel Regiftre jour par jour, leur faifant deffenfes de rien exiger ni recevoir par deffus le contenu efdites Pancartes, foit en argent ou en efpeces de Fruits ou autres Denrées ou Marchandifes, fous pretexte d'étrennes ou autrement, même encore qu'il leur fût volontairement offert, ni d'ufer d'aucunes menaces & voyes de fait contre les Paffants & Voituriers, à peine de punition corporelle, fur lefquelles exactions & voyes de fait feront receuës les dépofitions defdits Voituriers, leurs Garçons & Compagnons.

VI. Et comme lefdits Proprietaires & Engagiftes ont accoûtumé de jetter fur leurs Fermiers & Commis les exactions qu'ils leur font commettre, dont en tout cas on ne peut douter qu'ils n'en puſſent arrêter les deſordres, s'ils y vouloient veiller, & qu'ils n'en tirent le profit par l'augmentation de leurs Baux ; enſorte qu'une longue diſſimulation de leur part ne ſçauroit être exemte de faute : Nous voulons qu'en cas que par les informations qui ſeront faites par nos Juges & Officiers ſur les plaintes des Voituriers, Marchands & Trafiquans, par tous les lieux où leſdits Peages ſeront levez, il paroiſſe que leſdits abus & concuſſion en la levée d'iceux ayent été faits pendant trois ans : Nous voulons que leſdits Peages ſoient ſupprimés, comme Nous les ſupprimons ſi les particuliers en ſont Proprietaires, & en cas que leſdits Peages ſoient de nôtre Domaine, ils ſeront réunis à iceluy, ſans que les Proprietaires ou Engagiſtes deſdits Peages puiſſent rejetter la faute ſur leurs Fermiers, Commis & Prepoſés à la levée deſdits Droits.

VII. Les Marchands & Voituriers seront tenus en chargeant leurs batteaux de Bleds, Vins & autres Marchandises & Denrées, tant montants que descendants, ou conduisant Razeaux, de prendre Certificats des Officiers du lieu où se fera le chargement, comme du Juge, Châtelain, Prevost des Marchands, Capitouls, Maires, Echevins & Consuls, de la quantité, qualité, poids & mesure de ce dont leur batteau sera chargé sujet au Droit de Peage : A ces fins lesdits Officiers assisteront & verront faire ledit chargement moyennant salaire raisonnable, dont ils bailleront acquit qui ne pourra exceder la somme de dix sols, tant pour l'Officier que son Greffier, & demeureront responsables de leurs Certificats.

VIII. Les Marchands & Voituriers abordant aux lieux où se levent les Peages, representeront lesdits Certificats ; & seront tenus les Fermiers ou leurs Commis, incontinent & sans delay, de recevoir le payement de leurs Droits sur lesdits Certificats, dont ils prendront Extrait ou Copie, si bon leur semble, sans pouvoir retenir ny arrêter les Bateaux & Razeaux sous aucun pretexte, soit de remesurer ou visiter iceux, à peine de punition corporelle, sauf s'ils prétendent lesdits Bateaux ou Razeaux contenir davantage que ne porte le Certificat, d'envoyer un homme à leurs dépens pour assister au déchargement.

IX. Et au cas qu'au déchargement il se trouve lesdits Bateaux ou Razeaux contenir plus que les Certificats, la Marchandise, Denrée ou Bois qui seront trouvés outre le contenu en iceux, seront confisqués & les Marchandises ou Voituriers condamnés en une amande arbitraire, & aux dépens desdits Seigneurs Peagers ou leurs Fermiers.

X. Les Fermiers ou Preposés à la recette seront tenus de se trouver sur les lieux, & de faire recevoir leurs Droits sans delay, & où il ne se trouveroit aucun d'eux, sera loisible aux Marchands & Voituriers de continuer leur route.

XI. Faisons deffenses ausdits Fermiers

:miers ou Prepofés d'arrêter les Voi-
turiers, leurs Bateaux, Razeaux & Marchandifes fous pretexte de fraude prétenduë faite aufdits Peages, & aux Juges de decerner aucunes Ordonnances pour cet effet, fauf aux Peagers d'aller aux premieres Villes
de Baillage ou és lieux de déchar-
gement, pour y faire telles pour-
fuites & faifies qu'il appartiendra.

XII. Et d'autant que les Razeaux ne peuvent commodément aborder
par tout, fuffira qu'aux endroits de difficile accés les Marchands, Con-
ducteurs & Voituriers envoyent devant avertir lefdits Fermiers, Receveurs ou Commis du paffage def-
dits Razeaux, leur portent & faffent voir le Certificat du chargement,
avec offre de payer les Droits fui-
vant iceluy, fauf aufdits Receveurs d'envoyer au déchargement, fi bon
leur femble, comme a été dit.

XIII. Faifons tres-expreffes inhi-
bitions & deffenfes aux Marchands & Voituriers de faire fraude aufdits
Peages, à peine d'être procedé con-
tr'eux fuivant la rigueur des O donn-
nances. T

XIV. Et comme lesdits Peages ne font établis que pour l'entretien des Chemins, Ponts & Chauffées, enjoignons aux Proprietaires & Engagiftes defdits Peages, d'entretenir les Ponts, Chauffées, & même les Chemins dans l'étenduë de leur Jurifdiction, mandant aux Treforiers de France de tenir la main à l'execution du prefent article, & en cas de negligence defdits Seigneurs Peagers, aprés le commandement qui leur fera fait, de faifir réellement & de fait, non-feulement le revenu defdits Peages, mais encore de leurs terres, pour y être employés fuivant les Marchés qu'ils en feront en la maniere accoûtumée, fi mieux n'aiment lefdits Seigneurs Peagers abandonner leurfdits Peages; dont ils feront tenus de faire déclaration dans le mois aprés la publication des Prefentes.

SI DONNONS EN MANDEMENT à nos amés & feaux, les Gens tenans nos Cours de Parlement de Paris, Touloufe, Bordeaux, Dijon, Roüen, Grenoble, Aix, Rennes, Pau, & Metz, Treforiers Generaux de France de nos Generalités, Baillifs, Senechaux, Prevosts, leurs Lieutenans & autres nos Justiciers & Officiers qu'il appartiendra ; qu'ils ayent à faire garder & entretenir le contenu au present Reglement, que Nous voulons être executé selon sa forme & teneur ; CAR tel est nôtre plaisir. DONNE' à Paris le dernier jour de Janvier l'an de grace 1663. & de nôtre Regne le vingtiéme. *Signé ,* LOUIS. *Et plus bas ,* par le Roy, DE GUENEGAUD, *& scellé du grand Sceau de cire jaune , & à côté est écrit.*

Registrées , oüy & le requerant le Procureur General du Roy, pour être executées selon leur forme & teneur, sui- vant l'Arrest de ce jour. A Paris en Parlement le 19. Fevrier 1663. Signé , DU TILLET.

EXTRAIT

d'Arreſt du Conſeil du cinquiéme Mars 1665. rapport
dans le Livre de l'expoſition
des Coûtumes ſur la largeu
des Chemins, page 57. de
l'édition de 1687. chez Charles Saugrain à Paris.

SUR ce qui a été repreſenté à Sa
Majeſté, que les Ponts, Chauſſées & Chemins ſont en tres mauvai
état, tant par la négligence des Seigneurs Peagers qui en ſont tenus &c.
LE ROY en ſon Conſeil a ordonné
& ordonne aux Treſoriers de France
de chacune Generalité, de s'informe
ſoigneuſement des Ponts, Chauſſées
& Chemins que les Seigneurs Peagers
ſont tenus de reparer & entretenir, &
de les obliger à les faire en vertu de
leurs Ordonnances, qui ſeront executées nonobſtant oppoſitions ou appellations quelconques & ſans préjudice d'icelles, & en cas qu'il en

intervienne, Sa Majesté s'en est re-
servé la connoissance en sondit Conseil, & icelle interdite & deffenduë
à toutes ses Cours & autres Juges,
&c.

CHAPITRE VIII.

Des Bâtimens & des saillies des Maisons dans les ruës & voyes publiques.

Genes. 4.
verj. 20. JABEL petit-fils d'Adam a inventé les Tentes & les Pavillons pour servir de maisons & de retraites ; on bâtit ensuite des Cabannes : *Furca* *Senec. l.* *utrinque suspensæ fulciebant Casam spis-* *14. ep. 91.* *satis ramalibus ac fronde congesta.*

De cette simplicité naturelle on a passé jusques à la magnificence, on a élevé de superbes Edifices, des Mausolées, des Pyramides ; on a distribué les differens ordres d'Architecture ; on a bâti des Tours, des murailles & des Maisons, avec cette solidité qui a excité autrefois la censure de Platon contre les Agrigentins, *Ælian.* dont il a dit : *Agrigentini quasi semper* *lib. 12. de* *victuri ædificant.* *Var. Hist.*

Les Empereurs Romains ont eu beaucoup d'attention à contribuer à la décoration des Villes : Augufte avoit fixé la hauteur des Bâtimens à 70. pieds, Neron la réduifit à 60. il fit brûler la ville de Rome pour la rebâtir avec plus d'ordre & de régularité ; ce deffein paroît plus raifonnable que celuy qu'on luy attribuë d'y avoir fait mettre le feu pour fe faire une image plus vive de l'embrafement de Troye ; quoyqu'il en foit on peut juftifier la conduite de Neron par l'évenement & par le témoignage de Tacite au quatriéme Livre de fes Annales : *Cæterum Urbis domus, non ut poft Gallica incendia nulla diftinctione, nec paffim erecta ; fed dimenfis vicorum ordinibus & latis viarum fpatiis cohibita ædificiorum altitudine, ac patefactis areis additifque porticibus quæ frontem Infularum protegerent.* `Tac. Ann. l. 4.`

Nous avons des marques authentiques du foin que les Succeffeurs à l'Empire ont pris à cet égard, entr'autres dans la Loy 4. au Code *de ædific.* dans la Loy, *cum duobus* §°.

T iiij

idem respondit pro socio, digna est constructio Civitatis in qua se commendet cura Regalis.

Dans les derniers siecles nos Roys ont eu autant de zele pour l'embellissement des Villes, qui consiste dans la construction des Bâtimens en ligne droite ; pour y parvenir on a créé l'Office de Grand Voyer, avec le pouvoir de donner les alignemens & de faire retrancher les saillies, afin d'établir une Symmetrie, d'une maniere qu'une ruë entiere ne paroisse qu'une maison, selon les preceptes de Platon : *Ut tota Urbs sit unus murus æqualitate & similitudine, de leg. lib. 6.*

Les Saillies sont des parties de Bâtimens qui avancent sur la ruë, & qui ne sont pas à plomb sur les fondemens.

Les differentes especes de Saillie sont les Eviers, les Bornes, les Montoirs, les Chassis, les Montres & Etalages, les Enseignes, les Marches Seüils des Portes, Croisées, ouvertures des Caves, Echoppes & Abajours, Balcons, Cintres, Travau de Maréchaux, les Pieux, les Etays, *Saumaise,* & les Jardins ou Terreaux qui sont *Borel, Pi-* attachés aux fenêtres, les Contre- *thou.* vents, Etablis, Comptoirs, Etaux, Dosdânes, Platfonds, Auvents, Jambes de force.

Les Eviers sont des canaux par où s'écoulent les eaux d'une maison, d'une cuisine, d'une Ecurie; ce mot vient d'*Aqua*, & on devroit écrire Aiviers.

Les Bornes sont des pierres que *Ce mot* l'on met à hauteur d'appuy, ou des *vient de* barrieres qui arrêtent les Carosses *signifie un* & les Chariots, & qui les empêchent *de terre.* de dégrader les portes ou les murailles d'un Bâtiment.

Les Montoirs sont des pierres ou des billots de bois qui servent à monter à cheval, & donnent avantage pour monter dessus : l'usage en a esté introduit par les Magistrats qui montoient autrefois sur des Mules quand ils alloient administrer la Police, & par les Medecins pour aller voir leurs malades.

Chassis, est un ouvrage de Menuisier qui entoure quelque chose;

ce mot vient de *Capsicium* formé de *Capsum,* qu'on a dit par Metaplasme pour *Capsa.*

Les Montres sont des étoffes ou des marques que les Marchands mettent au devant de leurs Boutiques, pour enseigner aux Passans les choses dont ils font trafic ; les Coûteliers, les Orfévres ont des Boîtes sur leurs Boutiques, où il y a des Coûteaux & des ouvrages de leurs mêtiers : ce mot est dérivé de *Monstra* dit pour *Monstratio.*

Les Etallages sont des Marchandises que l'on expose en vente.

Les Enseignes sont des signes ou marques publiques qu'on met en quelque endroit, & qui portent le plus souvent une image pour designer une Maison ou Boutique : ce mot vient d'*insigne* ou d'*insignium.*

Marche dont nous traitons icy, est un degré ou bien une partie d'escalier, qui oblige à faire un pas en montant.

Les Seüils sont des pieces de bois ou de pierre qu'on met au bas de la porte, & ce mot, selon Varron, vient de *Solium*, d'autres le dérivent de *Salio*, & d'autres de l'Allemand *Schvvellen*, qui signifie la même chose ; les Italiens ont aussi fait *Soglia*, & *Sogliaro* dans la même signification.

Croisée est une fenêtre, ou grande ouverture qu'on laisse dans une muraille en l'élevant pour éclairer les appartemens ; on appelle aussi Croisée le Chassis de Menuiserie qui sert à boucher cette ouverture avec les vitres & volets qu'on y applique ; ce mot vient de *Cruciata*, à cause que les Croisées étoient anciennement faites en forme de croix.

Les Ouvertures ou Huis de Caves sont des pierres ou des planches de bois qui servent à couvrir les Caves ou lieux soûterrains & voutés qui sont au dessous du rés de Chaussée ; ce mot est dérivé du Latin *Ostium*, d'où les Italiens ont aussi fait *Uscio*.

L'Echoppe est une petite Boutique attachée à un mur & couverte en appentis qu'on bâtit en des lieux passans, où il se fait grand commerce ; c'eſt où ſe logent les Marchands qui n'ont pas à debiter des choſes de grande valeur : les Anglois appellent *Echop* une petite Boutique, on ne ſçait s'ils ont pris ce mot de nous, ou ſi nous l'avons emprunté de leur langage.

Abatjour eſt une fenêtre qui prend le jour d'en haut, dont l'embraſure ou ouverture eſt de haut en bas ; l'uſage des Abatjours a été introduit par les Marchands qui menagent un faux jour pour donner du luſtre à leurs étoffes.

Les Balcons ſont des conſtructions de pierre, de bois, ou de fer attachées en ſaillies aux fenêtres d'un Bâtiment ; quelques-uns dérivent ce mot de l'Allemand *Balk*, qui ſignifie poutre : M. de Saumaiſe a dit, *Prophora illa & mœniana quæ mœnibus adjici ſolebant ex provolantibus & projectis tabulatis compoſita, & Balcone, niſi fallor, hodie vocant Itali.*

Cintre eſt une conſtruction de charpente qu'on fait pour bâtir de grandes voutes & ſoûtenir les pierres, en attendant que les clefs soient mises pour les fermer ; ce mot vient de *Centrum*, l'on voit ce passage dans Robert Moine d'Auxerre : *Jam exstructa testudine visum est debere submoveri Centra quibus fuerat testudo suffulta* ; d'autres le dérivent de *Cinctura*.

Travail de Maréchal, est un lieu entouré de pieux où les Maréchaux mettent les chevaux fougueux pour les ferrer & pour les medicamenter ; ce mot a été fait de *Trepalium*, qui se trouve dans le Concile d'Auxerre de l'an 578. can. 33. *Non licet Presbytero, nec Diacono, ad Trepalium ubi rei torquentur stare*; quelques-uns le dérivent de l'Italien *Travaglio* formé de *Travi*, & d'autres du mot Allemand *Trof*, une longue piece de bois.

Les Pieux sont des pieces de bois pointuës pour ficher en terre.

Les Etays sont des pieces de bois pour soûtenir les planchers d'une maison dont on veut rebâtir un gros mur, ou pour en soûtenir seulement quelque partie qui menace ruïne :

on fait aussi des Etays avec de la
pierre par des pilliers & des arcsbou-
tants : M. Pithou sur le tit. 29. de
la Loy Salique §°. 32. a observé que
dans plusieurs Exemplaires il y a,
*Si quis Stavam aut Tremaclum vel
Vertuolum de flumine furaverit*, &
qu'il y a beaucoup d'apparence que
de *Stava*, ou comme prononcent
les Septentrionaux de *Staga*, nous
avons fait Etaye, comme Playe de
Plaga.

Les Jardins qui sont attachés aux
fenêtres sont des planches sur lesquelles on met des pots ou vais-
seaux portatifs de diverses matieres
qui contiennent des fleurs & des
terreaux ou vieux fumier mêlé avec
de la terre pour les conserver ou les
nourrir.

Les Contrevents sont des Volets
qui s'ouvrent en dehors, & qui ont
toute la hauteur de la fenêtre ; on
en met aux maisons, tant pour garentir les vitres des vents & de la
grêle, que pour les fermer & des-
fendre la maison des voleurs.

Les Etablys sont des Tables qui

servent aux Ouvriers à travailler à leurs ouvrages ; les Menuisiers dref-sent leurs bois sur l'Etably, & les Tailleurs travaillent les jambes croi-sées sur l'Etably : ce mot vient de *Tabulatum*.

Les Comptoirs sont des Bancs ou Bureaux fermés , sur lesquels les Marchands étallent leurs Marchan-dises ou comptent leur argent , & où le plus souvent ils l'enferment.

Les Etaux sont de petites Boutiques fixes & quelquefois portatives où on étalle , & où on vend de la chair , du poisson, des fruits & autres me-nuës denrées ; on appelle aussi Etaux les petites Boutiques portatives qu'ont les Savetiers & les Reven-deuses aux coins des ruës : Menage dérive ce nom de *Stallum* , qui a esté dit ainsi abregé de *Stabulum* , d'où on a fait les mots d'étaller & d'installer ; ce mot de *Stallum* se trouve dans plusieurs Auteurs.

On appelle Dosdâne un corps qui a deux surfaces inclinées l'une vers l'autre qui aboutissent en pointe.

Les Platfonds sont des saillies des croisées.

Jambe de force en terme de Maſſonnerie, eſt un rang de pierres de taille qu'on fait dans un mur de plâtre ou de brique pour ſoûtenir les poutres, ou une groſſe piece de bois qu'on met au même lieu & à même deſſein dans les Bâtimens de Charpente; on l'appelle auſſi Jambe ſous poutres, Jambe étriere, Jambe boutiſſe : Jambe de force en terme de Charpente ſont deux groſſes pieces de bois qui ont d'ordinaire dix pouces en quarré qu'on entaille ſur les poutres, & qu'on joint par un tirant ou entrait pour faire un triangle qui ſoûtient les poutres & autres pieces qui forment le toit & la couverture : il y a dans les Combles coupés, des Jambes de force de deſſous, & des Jambes de force de deſſus, les unes au deſſous de l'entrait, & les autres au deſſus.

Les Auvents ſont de petits toits qu'on met au deſſus des Boutiques pour les garentir de la pluye : Ce mot Auvent eſt une contraction d'*Oſtevent*, qui ſe trouve écrit dans la verſion de la Bible par ceux de Genêve

Genêve en ces paroles : Puis aprés il mesura de huit coudées l'allée du « Portail, & les Ostevents de deux « coudées. «

Les Auvents étoient appel-lés *Pergula* chés les Romains ; il en est parlé dans une inscription antique qui est au Jardin du Pa-lais Palestrine à Rome, qui con-tient les Statuts d'un College d'Es-culape & de la Santé. Voicy l'ex-plication que donne M. Spond ce-lebre Antiquaire. Le mot *Pergula* « qui est dans l'inscription, est pro- « prement un toit avancé au de-là « du mur, les Anciens y faisoient « vendre leurs Tableaux. Pline par- « lant d'Apelles, dit qu'il faisoit por- « ter dans un de ces endroits ses ouvrages, & qu'il se cachoit der-riere les Table aux pour entendre le jugement du peuple & corri-ger leurs défauts. *Perfecta opera pro-ponebat in Pergula transeuntibus*

Monsieur de l'Etoile dans sa Co-medie des filoux, s'est servi de ce mot d'Auvent pour signifier une avance de toit dans la ruë : Mon-

Ezechiel,
chap. 4.
v. 9.

Rech. cur.
d'Antiq.
par Spond
page 334.

V

fieur Ducange le dérive d'*Alta Van-*
nus quod Vanni Altæ ad inftar fuf-
pendatur ; il en eft parlé dans les anciens Titres fous le nom d'Avent-
vent.

Par Lettres Patentes de Charles
IX. données à Montpellier le 29.
Decembre 1564. il eft ordonné que
les Auvents qu'on a mis dans les ruës
de la ville de Paris feront abattus : depuis on a permis l'ufage des Auvents,
à condition qu'ils feront réduits
à la hauteur de dix pieds à prendre
du rés de chauffée du pavé, & à la
largeur de deux pieds & demy, felon la Declaration du mois de Decembre 1607. & l'Arreft du Confeil
du 19. Novembre 1666.

On a pourveu par divers Reglemens aux autres faillies des ruës &
voyes publiques.

Par l'Ordonnance d'Orleans il eft
porté que les Proprietaires des maifons des Villes du Royaume feront
contraints de retrancher à leurs dépens les faillies qui aboutiffent fur
les ruës fans qu'on puiffe les rétablir.

Le Parlement de Paris a fait défenses de mettre des bancs, des sieges & autres avances dans les ruës, & de retrancher ceux qui s'y trouvent à peine de cent sols parisis d'amende ; cet Arrest est fondé sur l'Ordonnance de Compiegne du 14. May 1554. portant que les usurpations & les entreprises qui ont été faites sur les ruës seront ôtées.

Arrest du 16. Juin 1554.

Les Proprietaires, les Detempteurs & Locataires des maisons doivent reformer les Seüils des Portes, les Marches, Bornes ou Chasseroües, & les autres saillies étant sur la ruë & au devant de leurs Maisons & de leurs Boutiques excedant douze pouces le corps du mur dans les grandes ruës, & huit pouces dans celles qui ont moins de quinze pieds de largeur ; ils sont tenus d'ôter les Canaux appliqués exterieurement aux murs de leurs maisons, & de boucher les Eviers & les Egoûts dont l'ouverture se trouve sur la ruë plus haute que le rés de chaussée.

Arrest du Conseil du 9. Novembre 1666.

La hauteur des Enseignes est fixée à quinze pieds à prendre du rés de

ibid.

chauſſée ; on doit les ranger ſur une même ligne , ſans qu'elles puiſſent déborder les Auvents que de demy-pied.

Edit de 1607.art. 4. & 8. Les Proprietaires doivent démolir les tuyaux de Cheminée , & ôter les planches qui ſont en ſaillies ſur les ruës , ils ſont tenus de retrancher les Bancs des Boutiques, Etablys, les Montres & les Etallages.

Edit de 1607. art. 5. Par le même Edit il eſt fait défenſes de bâtir ou de reparer les Bâtimens , Pans de mur , Jambe de force ſur les ruës & places publiques ſans avoir pris l'alignement & la permiſſion des grands Voyers , à peine de démolition ; ce qui eſt conforme au Droit Romain : *Qui adverſùs Edictum Prætoris ædificaverit , tollere ædificium debet.*

L. ult. ff. ne quid in via publ. Ces Reglemens & ceux que j'ay rapportés dans les Chapitres precedens ont ſervi de regle pour l'Ordonnance que j'ay renduë le 4. Juillet 1705. qui eſt conforme à celles qui ont eſté données par les Bureaux des Finances de Paris en datte des 26. Juin 1673. & 1. Avril 1697. de

Grenoble le 12. Avril 1676. & 14.
Avril 1683. d'Amiens le 10. Juin
1682. de Riom le 9. Avril 1691. de
Limoges le 10. May 1697. de Bourges le 6. Decembre 1697. de Tours
le 20. Decembre 1697. 7. Janvier
1699. 18. Avril 1701. 18. May 1701.
de la Rochelle le 12. Juin 1699.

LES TRESORIERS
de France Generaux des Finances & Grands Voyers en
Bretagne.

SUR ce qui nous a été repre-
senté par Ecuyer André Bouſſi-
neau Conſeiller & Procureur du Roy
au Preſidial de Nantes faiſant la fonction de Procureur du Roy devant
nous , juſqu'à ce qu'il en ait été
pourveu, que quoyque par les Edits,
Declarations & Reglemens de Sa
Majeſté rendus au ſujet de la grande & petite Voyrie , même par pluſieurs de nos Ordonnances , entr'autres celle par nous renduë le 8. Janvier dernier , il ſoit expreſſément dé-

fendu à tous les Bourgeois & Habitans de cette Ville & Fauxbourgs d'encombrer les ruës & places publiques, & par les encombremens d'empêcher la voye des Caroſſes, Charettes & Chevaux, ce qui cauſe ſouvent des accidents à pluſieurs perſonnes; que même les Maſſons, Charpentiers & autres Ouvriers bâtiſſent des logis, édifient des murailles le long des ruës, confortent les avances des ruës, & contreviennent aux Ordonnances de la petite Voyrie, auſſi-bien que leſdits Habitans; à quoy il eſt neceſſaire de pourvoir.

Nous faiſant droit ſur ladite remontrance; veu leſdits Arreſts, Reglemens & Ordonnances, enſemble la Declaration du Roy du 12. May 1705. renduë au ſujet de l'attribution qui nous eſt faite de la grande & petite Voyrie, & le requerant le Procureur du Roy.

Article I. Nous avons fait & faiſons défenſes à tous les Habitans de cette Ville & Fauxbourgs de quelque qualité & condition qu'ils ſoient d'encombrer les ruës & places publiques, & empêcher par leurs encombremens la voye publique. Enjoint à eux de les ôter ou faire ôter chacun en droit foy dans huitaine aprés la publication à peine de 10. livres contre chacun Contrevenant.

II. Défendons à tous lefdits Habitans & à tous Ouvriers, de faire à l'avenir appofer aucuns Contrevents en dehors des maifons fans nôtre permiffion; & à l'égard de ceux qui font à prefent en exiftence dans les grandes ruës, enjoignons aufdits Habitans de les faire attacher par leurs ferviteurs le long des murs de leurs maifons, enforte qu'ils ne fe détachent point, & qu'ils ne puiffent empêcher la voye des Charettes, Caroffes & Chevaux, & la liberté des ruës, & pour ce qui eft des Contrevents qui font dans les petites ruës, ordonnons qu'ils feront ôtés, permettons neanmoins aux Proprietaires de les mettre en couliffe.

III. Défendons pareillement aufdits Habitans de faire conftruire par faillie ou botte, aucuns Eviers fans nô-

tre permiſſion à peine de 10. livres
d'amande contre chacun des Contrevenans & contre les Maſſons qui les
auront conſtruits : Et à l'égard des
Eviers qui ſont à preſent ſaillie, &
qui ont leurs bottes en dehors & ſur
la voye publique, enjoignons auſdits Habitans de les retirer dans le
mur de leurs maiſons, enſorte que
les ruës n'en ſoient encombrées, &
que leſdites bottes ne puiſſent empêcher la voye des Caroſſes, Charettes & Chevaux ſur pareille peine
de 10. livres d'amande.

IV. Enjoignons pareillement auſdits Habitans qui ont des Bornes ou
Montoirs le long de leurs maiſons,
de les ôter ou faire ôter ; & pour
ce qui eſt des Chaſſerouës qui excedent douze pouces le corps des murs
dans les grandes ruës & huit pouces
dans les ruës qui ont quinze pieds
de largeur, enjoignons de les rédui-
re à ladite largeur de douze & huit
pouces ſur pareille peine de 10. liv.
d'amande.

V. Ordonnons en outre à tous les
Marchands de cette Ville & Fauxbourgs

bourgs & autres qui ont Boutiques, de retirer leurs Bancs de Boutiques, Rateliers, Montres & Etallages, en-forte qu'ils n'excedent le corps des murs que de six pouces dans les grandes ruës & quatre pouces dans les petites.

VI. Enjoignons à tous les Marchands & autres qui ont des Auvents vulgairement appellés Ballets posés au dessous de dix pieds, de les abattre ou faire abatre dans huitaine aprés la publication de la presente Ordonnance à peine de dix livres d'amande, & d'être pourveu à leurs frais, sauf neanmoins ausdits Marchands à les faire poser au dessus desdits pieds, & seront tenus de ré-duire lesdits Auvents ou Ballets à la largeur de deux pieds & demy.

VII. Enjoignons en outre à tous lesdits Marchands & autres qui ont des Enseignes de les mettre de pa-reille hauteur & longueur ; sçavoir à la hauteur de 15. pieds à prendre du rés de Chauffée, deux pieds en-tre la muraille & le tableau ; lequel tableau aura dix-huit pouces de hau-

X

teur & douze de largeur, & feront
lefdites Enfeignes rangées fur une
même ligne, autant que faire fe
pourra, ce que lefdits Marchands
& autres feront tenus de faire dans
huitaine, autrement feront lefdites
Enfeignes placées à leurs frais.

VIII. Défendons à tous les Habitans de cette Ville & Fauxbourgs, de
faire pofer à l'avenir aucunes Enfeignes, Pas, Bornes, Marches, Eviers,
Sieges, Montoirs à Cheval, Seüils,
Appuys de Boutiques, Croifées ou
Caves, Eftablys, Comptoirs, Platfonds, Chaffis à verre faillant, Etaux,
Dofdânes, Rateliers, Echopes, Abatjours & autres faifant avance fur la
voye publique, & aux Maffons &
autres Ouvriers de les conftruire,
fans avoir fur ce obtenu de nous les
alignements neceffaires, à peine contre chacun des Contrevenans de dix
livres d'amande.

IX. Enjoignons aux Proprietaires
de faire rétablir inceffamment leurs
Maifons ou autres Edifices qui font
en peril imminent & qui menacent
ruïne fur les ruës, à peine d'y être

mis des Ouvriers à leurs frais & dépens.

X. Faifons pareillement defenfes à
tous Charons , Emboiteurs de rouës,
Sculpteurs , Menuifiers , Charpentiers , & autres Artifans & Ouvriers,
même à tous Marchands & autres,
de tenir dans les ruës , voyes , &
places publiques , au devant ou à
côté de leurs Boutiques aucunes Marchandifes ni pieces de bois , pierres
ou autres encombremens qui puiffent
occuper le paffage des Chariots &
autres Voitures plus de vingt-quatre
heures , à peine de confifcation & de
dix livres d'amande.

XI. Défenfes font faites à tous
Maffons & Ouvriers de démolir ou
faire démolir , conftruire & réédifier
aucuns Edifices & Bâtimens , élever
aucuns Pans de bois, Balcons, Cein-
tres , Auvents, Etablys , Travaux de
Marêchaux , pofer Pieux , Poteaux ,
Buches , même de faire aucunes tran-
chées de Pavé, Barrieres , Etayes ou
Etreffillons dans les ruës , fans avoir
pris de nous fur ce les alignemens &
permiffions neceffaires , fur peine de
X ij

vingt livres d'amande , conformément à la Déclaration du Roy du mois de Juin 1693.

XII. Défendons pareillement ausdits Maſſons & autres Ouvriers de faire aucun ouvrage qui puiſſe conforter, conſerver ou ſoûtenir les Logis & Avances & Pans de bois, ſur pareille peine.

XIII. Ordonnons que les Avances anciennement conſtruites venant à tomber par accident ou caducité, ne pourront être réédifiées en avance, que le tout ſera continué à plomb depuis le rés de Chauſſée.

XIV. Défenſes ſont faites ausdits Ouvriers de conſtruire aucuns Jardins en ſaillie aux hautes fenêtres des Habitans, ni pareillement tenir Terreaux : Enjoignons ausdits Habitans de faire abattre inceſſamment ceux qu'ils auront fait conſtruire à leurs fenêtres, à peine de dix livres d'amande, & d'être abattus à leurs frais.

XV. Enjoignons en outre ausdits Maſſons & Charpentiers de faire venir à leurs âteliers les moilons, tuffeaux, pierres & autres materiaux,

à mesure qu'ils en auront besoin, &
les employer incessamment ausdits
Bâtimens, ensorte que la voye publique soit libre.

XVI. Et seront les Contrevenans à
nôtre presente Ordonnance contraints au payement des amandes y
portées par le Receveur des amandes de nôtre Jurisdiction, nonobstant
oppositions ou appellations quelconques, & sans préjudice d'icelles, huitaine aprés la publication de la presente Ordonnance, qui sera faite &
affichée par les Carefours & autres
lieux ordinaires & accoûtumés. Arrêté à Nantes par nous Messire Gerard Mellier Conseiller du Roy, Tresorier de France General des Finances.
& Grand Voyer en la Province de
Bretagne, ayant pour Greffier M^c.
René Briffault, que nous avons commis, & de luy pris & receu le serment
au cas requis le 4. Juillet 1705. Signé,
MELLIER, à BOUSSINEAU & BRIF-
FAULT, Commis Greffier.

*Claude Neret Trompette ordinaire
Juré de la Ville & Comté de Nantes,
certifie avoir leu & publié à son de*

Trompe l'Ordonnance cy-deſſus de Meſſieurs les Conſeillers du Roy Treſoriers
de France Generaux des Finances &
Grands Voyers en la Province de Bretagne, dans tous les Carefours & lieux
publics & accoûtumez de la Ville &
Fauxbourg de Nantes, à ce que perſonne n'en prétende cauſe d'ignorance.
A Nantes ce 4. Juillet 1705. Signé,
CLAUDE NERET Trompette.

CHAPITRE IX.

Du Pavé, des Ruës, & des Bâtimens qui menacent ruine.

LE Pavé est une pierre dure & or-dinairement de grais, dont on couvre les Ruës & les Chemins pu-blics pour les rendre fermes ; on le dit en general du lieu qui est pavé, & en particulier de chaque pierre qui sert à paver ; ce mot Pavé vient des Latins qui luy ont donné beau-coup d'étenduë : ce qu'ils appellent *Pavimentum*, & les Grecs δάπεδον, ἐδάπεδον, ἔδαφος, signifie le sol ou le parterre d'une place de quelque ma-tiere que ce soit, plâtre, terre, gra-vois, cailloux, brique ou carreaux de terre cuite, de marbre & autre pierre, pourveu que le sol ait été affermi & consolidé : *Pavimentum*

Berg. hist. des grands Chemins l. 2. chap. 9.

Menage.

enim eft folidamentum five Incruftati
quam gradiendo calcamus. Pavimen
tum eft dérivé de l'ancien verbe *pa*
vire qui fignifie *tundere, ferire, Pa*
vimenta enim funt à pavire, dit Gra
paldus, *quod ferire fignificat, qui*
fiebant, ut fiunt, è lapidibus & teftul
bene percuffis additâ calce.

Les Anciens ont appellé *Lithof*
trotum toutes fortes de Pavé qui étoi
de diverfes couleurs, & même tou
ouvrage qui étoit de pieces rappor
tées.

Le fçavant Medecin Spond a d
aprés Pline, que les Pavés peints
travaillés avec art font venus de
Grecs, qu'entr'autres celuy de Pe
game qui étoit au Bâtiment appel
Saratos, travaillé par Sofus, étoit
plus curieux.

M. Perrault dans fon Commenta
re fur Vitruve, a tres-bien diftingu
les Pavés des pieces rapportées; c'e
de cette maniere qu'on trouve
ces Pavés de marquetterie prefq
dans toutes les Villes anciennes,
particulierement dans celles qui o
été des Colonies Romaines.

Mon deſſein n'eſt pas de traiter icy de ces ſortes de Pavés, ny de ceux que les Grecs ont fait mettre ſur les maiſons, qui ſont appellés dans Vitruve *Subdialia Pavimenta* ; mais ſeulement du Pavé des ruës & des Places publiques, dont les Carthaginois ont inventé l'uſage. Les Romains ont ſuivi leur exemple : *Iſidorus tradit Pœnos fuiſſe primos qui Vias lapidum, ſilicum, ſabulique ſtratura muniverint & conſolidaverint, & ut ita loquar in ipſa terra ſolique ſuperficie fabrefecerint, id quod nos Gallicè una voce* Paver, *Latini ſternere exprimunt : ab his Romanos cepiſſe exemplum.*

Philippe Auguſte eſt le premier de nos Roys qui ait fait paver les ruës de la ville de Paris en l'année 1184. Un jour étant à la fenêtre de ſon Palais à Paris, il vit paſſer des Chariots, qui ayant remué les bouës cauſerent une exhalaiſon ſi mauvaiſe qu'il prit la reſolution d'y remedier en ordonnant que la Ville ſeroit pavée : *Arduum opus ſed valdè neceſſarium, quod omnes Prædeceſſores ſui ex nimia gravitate & operis impenſa*

Græv. Theſaur. antiq. Rom. vol. X.

Rigord. in vita Phil. Aug.

aggredi non præsumpserant.

La connoiſſance de l'entretien & de la refection du Pavé des ruës appartient aux Treſoriers de France depuis qu'on a réuni à leurs Offices les fonctions de la Voyrie ; ils doivent rendre leurs Ordonnances contre ceux qui ſont obligés de contribuer à la dépenſe du Pavé des ruës.

Il faut diſtinguer à cet égard, 1º. Les lieux où le Pavé n'a pas été fait. 2º. Ceux où il convient ſeulement de le rétablir. 3º. Le Pavé des Places publiques & celuy qui eſt à l'entrée des villes.

Au premier cas Meſſieurs Choppin & Bacquet eſtiment que le Seigneur Cenſier doit contribuer à la dépenſe avec le Corps ou la Communauté des Habitans, lorſque le Pavé neuf eſt utile au public : Il y a un Arreſt prononcé en Robes rouges le 14. Aouſt 1566. entre Charles le Comte & les Chanoines de S. Honoré, par lequel il eſt dit que le Seigneur Haut-Juſticier n'eſt pas obligé de contribuer à la dépenſe du premier Pavé qui eſt mis au devant

Bouchel Bibl. du Droit François p. 1046. du 3.vol.

de la maison de son Vassal qui paye
Censive à un autre, & que le Pavé
doit être payé par moitié par le Proprietaire & par le Seigneur Censier:
Mornac rapporte un autre Arrest du
17. Juin 1588. rendu en conformité.

Au second cas la refection du Pavé des ruës est reputée une Charge
fonciere des Maisons, selon la Loy
Ædiles. ff. de via publica. Construat
autem Vias publicas unusquisque secun-
dum propriam domum. l. absit de pri-
vil dom. aug. lib. 11. cod. l. si pen-
dentes. §°. si quid cloacarii. ff. de usufr.
L'art 12. de l'Edit du mois de Decembre 1607. est conforme à ces
Loix, il porte que les Proprietaires
feront reparer le Pavé qui sera rom-
pu ou enlevé au devant de leurs
Maisons, de leurs Eviers & de leurs
Jardins.

Au troisiéme cas les Maires & les
Echevins sont obligés de pourvoir
à l'entretien & à la refection du Pavé des Places publiques, & de celuy qui est à l'entrée des Villes, parce que les deniers d'Octroy sont des-
tinés au payement de ces sortes d'ou-

vrages ; les Treforiers de France font en droit de les contraindre à faire les dépenfes proportionnées aux fonds qui ont été laiffés.

Lorfqu'il y a conteftation entre les Proprietaires des maifons & leurs voifins au fujet de la contribution aux ouvrages du Pavé, les Treforiers de France doivent décider, ils font les Juges du principal & de l'accef-foire.

Ils ont coûtume de proceder à un Bail au rabais du Pavé des Vil-les de leur Département, afin de regler le prix de la toife du Pavé neuf & de celuy qu'on appelle de relevée, ils délivrent enfuite des Executoires pour le payement des Paveurs, contre les Proprietaires des maifons, ou bien contre les Lo-cataires en déduction du prix des loyers.

Il y a un Bail general fait au Confeil du Roy le 29. Mars 1701. pour le rétabliffement & l'entretien du Pavé de la Ville, Fauxbourgs & Banlieuë de Paris pendant neuf an-nées, à commencer au premier Janvier 1701. jufqu'au dernier jour du mois de Decembre 1709. l'adjudication a été faite à la fomme de 85925. livres, qui doit être payée par chaque année par les Receveurs du Barrage de Paris fur les mandements des Treforiers de France.

L'article vingt-huit de ce Bail, porte que s'il furvient quelques differens ou conteftations pour raifon dudit Bail, circonftances & dépendances, elles feront reglées & terminées fommairement pardevant les Treforiers de France à Paris, avec défenfes à toutes perfonnes de fe pourvoir ailleurs à peine de 200. livres d'amande contre les Contrevenants, ce qui fera executé nonobftant oppofitions ou appellations quelconques.

L'ouvrage de Pavé doit être battu & dreffé avec la Hie ou Demoifelle, c'eft-à-dire avec un Inftrument fait d'une piece de bois, ronde, pefante & ferrée par le bout, avec deux anfes aux côtés pour l'élever.

Les Ruiſſeaux & les revers doivent être conduits avec une pente égale, & l'on doit préparer la forme avant d'aſſeoir le Pavé.

La pente inégale du Pavé d'Orleans a peut-être cauſé la difformité de pluſieurs Habitans de cette Ville qui ont les jambes tortuës & mal tournées ; c'eſt un ſpectacle ſingulier que de voir leurs démarches aux jours des Aſſemblées & des Ceremonies publiques.

Voicy l'Ordonnance que j'ay renduë le ſeptiéme jour de Septembre 1705. touchant le Pavé des ruës, en execution des Reglemens qui ont ſervi de motif à la Remontrance du Procureur du Roy de nôtre Juriſdiction.

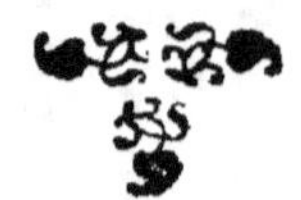

LES TRESORIERS
de France Generaux des Finances & Grands Voyers en Bretagne.

SUR la remontrance à Nous faite par Ecuyer André Boussineau Conseiller & Procureur du Roy au Presidial de Nantes faisant les fonctions de Procureur du Roy devant Nous, que le Roy Henry IV. d'heureuse memoire ayant reconnu l'utilité que ses Sujets recevoient de la Création qu'il avoit faite en l'année 1599. de la Charge de Grand Voyer dans l'étenduë de son Royaume, en auroit interpreté l'ordre & les fonctions par autre Edit du mois de Decembre 1607. & à cet effet auroit ordonné entr'autres choses, que ledit Grand Voyer auroit la connoissance du Pavé des Ruës, Voyes, Quais, & Chemins, & qu'il seroit tenu de faire rétablir promptement les Pavés qui seroient rompus, cassés ou enlevés, aux dépens des Dé-

tempteurs des maisons, lequel Offic‹
auroit été éteint & supprimé par l‹
Roy Loüis XIII. par Edit du moi‹
de Fevrier 1626. pour les causes y
contenuës , & iceluy avec toute‹
les fonctions uni & incorporé aux
Offices de Tresoriers Generaux d‹
France dans le ressort des Generalités de leur établissement , laquelle
réunion il auroit confirmée par au‹
tre Edit de Neufchâtel du mois de
May 1635. pour être exercée par les‹
dits Tresoriers , conformément à
ce qui est pratiqué par les Sieurs
Tresoriers de France de Paris.

Que *Sa Majesté* par son Edit du
mois de Decembre 1704. regiftré au
Parlement de Bretagne le 12. Jan‹
vier suivant, nous auroit confirmé
dans le droit de connoître en pre‹
miere instance & privativement à
tous autres Juges , même des Juris‹
dictions ordinaires & Royales , d‹
la grande & petite Voyrie dans l'é‹
tenduë de cette Province , & inter‹
pretant ledit Edit , Sadite Majesté
nous auroit par sa Déclaration du
12. May de la presente année , re‹
giftré‹

giſtrée au Parlement le 12. Juin, confirme de nouveau l'attribution de la
grande & petite Voyrie auſſi priva_
tivement à tous autres Juges pour
être exercée conformément à l'Edit
du mois de Novembre 1697.

Comme auſſi remontre ledit Sieur
Procureur du Roy que le 30. Janvier 1686. les Sieurs Treſoriers Generaux de la Generalité d'Auvergne
établis à Riom , ayant ordonné que
les Habitans de ladite Ville ſeroient
tenus de réparer & mettre en bon
état chacun en droit ſoy, les Pavés
des ruës, & les Juges de Police dudit Riom s'étant pourveus au Conſeil en caſſation de l'Ordonnance deſdits Sieurs Treſoriers , Sa Majeſté
par Arreſt de ſon Conſeil du cinq
Aouſt 1689. auroit ordonné que l'Ordonnance deſdits Sieurs Treſoriers
de France ſeroit executée, avec défenſes auſdits Juges de Police, Conſuls & Echevins de les troubler dans
les fonctions de leurs Charges, &
les auroit condamnés en tous les
dépens.

Que ſur les conteſtations qui

étoient entre les Sieurs Treforiers de France & les Juges de Police de la Ville de Metz au fujet de la Voyrie, Sa Majefté par Arreft de fon Confeil du premier Decembre 1693. auroit ordonné que lefdits Sieurs Treforiers de France auroient feuls la direction de tout le Pavé qui feroit fait aux dépens des particuliers, & fur ce que les Juges de Police fe feroient pourveus au Confeil contre ledit Arreft, quoyque contradictoire, Sa Majefté par autre Arreft de fon Confeil d'Etat du 7. Mars 1697. les auroit deboutés de leur demande & oppofition avec condamnation des dépens.

Que les Maire & Echevins & Juges de Police de la Ville de la Rochelle ayant voulu troubler les Treforiers de France de ladite Ville dans l'attribution qui leur étoit accordée conformément à l'Edit de 1607. de la connoiffance des Pavés, lefdits Treforiers de France s'étant pourveus au Confeil; Sa Majefté par fon Arreft du 15. May 1696. auroit caffé & annullé l'Ordonnance defdits Juges de Police, avec défenses d'en rendre à l'avenir de semblables ny de troubler lesdits Tresoriers de France dans leurs fonctions & jurisdiction, & aux parties de se pourvoir ailleurs que devant lesdits Tresoriers à peine de mil livres d'amande ; & sur l'opposition formée par lesdits Juges de Police de la Rochelle audit Arrest, est intervenu Arrest contradictoire en forme de Réglement le 8. Aoust 1698. par lequel Sa Majesté ordonne entr'autres choses que lesdits Tresoriers de France connoîtront de la confection, entretien, réparation, & dégradation du Pavé.

Remontre encore ledit Sieur Procureur du Roy que les Maire & Echevins & Juges de Police de la Ville de Bourges ayant enjoint aux Habitans de faire paver le long des ruës chacun en droit soy, à peine d'amande, & les Sieurs Tresoriers de France en ayant eu avis se feroient pourveus en cassation au Conseil, & par l'Arrest contradictoirement rendu le 5. Aoust 1697. Sa Ma—

jefté, fans s'arrêter à l'Ordonnance defdits Juges de Police de Bourges leur auroit fait défenfes de troubler lefdits Sieurs Treforiers de France dans l'exercice & fonctions de la grande & petite Voyrie.

Et fur ce que les Sieurs Treforiers de Caën auroient rendu Ordonnance le 27. Mars 1693. portant injonction aux Habitans & Proprietaires des maifons de faire travailler chacun en droit foy aux réparations des Pavés, les Maire & Echevins de ladite Ville qui connoiffent de la Police, fe feroient pourveus au Confeil en caffation de ladite Ordonnance, & *Sa Majefté* ayant renvoyé les conteftations des Parties au Parlement de Roüen, eft intervenu Arreft contradictoire le 22. Aouft 1699. par lequel la Cour a maintenu lefdits Sieurs Treforiers de France au droit de connoître & juger tout ce qui peut concerner la grande & petite Voyrie, à l'exclufion defdits Maire & Echevins, & les condamne aux dépens.

Que fur les conteftations qui

étoient survenuës au Conseil entre les Tresoriers de France & les Juges de Police de Montauban, Sa Majesté par Arrest du Conseil contradictoire du dernier Decembre 1700. auroit, en confirmant les Arrests de son Conseil, maintenu les Tresoriers de France de Montauban dans le droit de connoître de tous les faits concernants la grande & petite Voyrie, & dont la connoissance leur est attribuée par les Edits, avec défenses ausdits Juges de Police de les y troubler.

Que Sa Majesté ayant pour l'embellissement de la Ville de Paris fait Bail au rabais de l'entretien des Pavés de ladite Ville le 29. Mars 1701. elle a par l'art. 28. dudit Bail, ordonné que s'il survenoit quelque difficulté ou contestations pour raison dudit Bail, circonstances & dépendances, elles seront reglées & terminées sommairement pardevant les Sieurs Tresoriers de France de Paris, avec défenses à toutes personnes de se pourvoir ailleurs à peine de 200. livres d'amande contre les Contrevenants, au payement de laquelle ils feront contraints nonobftant oppofitions ou appellations quelconques.

Et comme l'entretien, confection & réparation des Pavés font un des principaux ornemens des Villes., & que nous fommes obligés de tenir la main à l'execution defdits Edits & Arrefts concernans la grande & petite Voyrie, dont cet entretien & réparation de Pavé fait part, & que la plus grande partie des Habitans de cette Ville & Fauxbourgs négligent de faire faire lefdites réparations & entretien , ledit Procureur du Roy requiert que faifant droit fur fa remontrance , il foit enjoint à tous les Habitans de cette Ville & Fauxbourgs de tenir en bon & deu état lefdits Pavés chacun en droit foy, & que défenfes foient faites à toutes perfonnes de fe pourvoir pour leurs falaires ailleurs que devant nous, à peine contre chacun des Contrevenants de 200. livres d'amande , avec injonction à eux de comparoître devant nous au jour qui leur sera indiqué, pour être fixé le prix à la toise neuve de Pavé, & de relevée tant dans la Ville que Fauxbourgs, eu égard à la distance des Perrieres, signé Boussineau.

Nous faisant droit sur ladite remontrance, enjoignons aux Habitans de cette Ville & Fauxbourgs de faire paver à neuf où il sera necessaire, & relever les Pavés qui sont au devant de leurs maisons; ensemble de rétablir ceux qui seront cassés, rompus ou enlevés, en sorte qu'ils soient en bon état pour la commodité du public; & à cet effet ordonnons que les Paveurs suivront l'alignement & niveau de l'ancien Pavé, & feront des Ruisseaux vis-à-vis les Eviers des maisons & autres endroits où besoin sera pour la facilité de l'écoulement des eaux, comme aussi qu'ils employeront de bon sable & en quantité suffisante pour bien garnir & serrer le Pavé qui sera battu au refus de la Hie ou Demoiselle, afin que l'ouvrage soit égal & bien uni,

le tout à peine de dix livres d'a-
mande ; leur défendons de fe pourvoir ailleurs que devant nous pour
le payement de leurs falaires, même aufdits Habitans pour les conteftations qui furviendront pour raifon de l'entretien & refection defdits Pavés fur les mêmes peines ; &
pour fixer le prix de la toife neuve
& celle de relevée, ordonnons que
lefdits Paveurs comparoîtront devant nous au jour qui leur fera indiqué ; & fera nôtre prefente Ordonnance executée nonobftant oppofitions ou appellations quelconques
& fans préjudice d'icelle, leuë,
publiée & affichée par les Carre-
fours & autres endroits de la Ville
& Fauxbourgs à la maniere accoûtumée. Arrêté à Nantes par nous
Meffire Gerard Mellier Confeiller
du Roy, Treforier de France, General des Finances & Grand Voyer
en Bretagne le 7. Septembre 1705.
Signé, MELLIER & BRIFFAULT
Commis Greffier.

Il ne fuffit pas de procurer au public l'utilité qu'il reçoit par l'entretien

tretien & par la refection du Pavé
des ruës, il faut pourvoir à la feu-
reté & à la liberté du paffage, en
p révenant les fuites de la chûte des
Bâtimens.

Pour y parvenir il eft neceffaire
que les Treforiers de France ordon-
nent aux petits Voyers de faire des
Procés verbaux de l'état des Bâtimens qui menacent ruine, & que
fur leur rapport ils enjoignent aux
Proprietaires des Maifons de les rétablir dans un delay prefix, à peine
de l'amande, d'être refponfables des
accidents qui peuvent en refulter,
& d'y être pourveu à leurs frais; fi
les Proprietaires négligent d'y obéir,
le Bureau des Finances les condamne à l'amande, & ordonne que les
Bâtimens qui font prêts à tomber,
feront démolis aux frais des Proprietaires, & qu'à cet effet il fera procedé au Bail au rabais, c'eft-à-dire
en faveur des Ouvriers qui voudront
entreprendre de faire la démolition
à moins de frais; enfuite le Bureau
des Finances ajuge le Bail des lieux
vacans au plus offrant & dernier en-

cherisseur, à la charge de rebâtir
maisons suivant l'alignement, &
payer les cens, les rentes & les
tres redevances. *Ædiles studeant
parietes qui ad Viam ducunt sint*
duci, sed ut oportet Domini Domor
construant. l. unica ff. de via publica

CHAPITRE X.

Des Encombrements des Ruës.

ENCOMBREMENT eſt un mot qui vient du Verbe encombrer, qui ſignifie embaraſſer une ruë, une place publique ou quelque autre paſſage, de gravois, de pierres, de futailles, de pieces de bois ou autres choſes ; ce mot eſt dérivé du Latin barbare *incombrare* fait de *combri*, qui ſignifie un abatis de bois. On lit dans la Chronique d'Aymar de Chabanes, en parlant de Clotaire, *in ſylvam confugit in Are-lanno : fecitque combros totam ſpem ſuam in Dei poteſtate transfundens.* Ce qui eſt pris de l'Auteur du Livre, *Geſta Regum Francorum*, lequel vivoit du temps de Charles Martel. *Combrus* eſt dérivé de *Cumulus*, ſelon Monſieur Guyet, & *incombrare*

Menage Dict. ety-mol.

pag. 152.

chap. 25.

de *cumulare*: Les Italiens ont fait *ingombrare* du même mot Latin *incombrare*.

Il est défendu aux Marchands, aux Droguistes, aux Charpentiers, Menuisiers, Charrons, Cordonniers, Maréchaux, Tonneliers, & à toutes personnes d'encombrer ou embarasser les ruës & les places publiques.

La connoissance de ces sortes de matieres a été attribuée par l'Edit du mois de Decembre 1607. au Grand Voyer de France, dont les fonctions ont été réunies aux Offices de Tresoriers de France.

Il y a un Arrest du Conseil rendu le huitiéme jour d'Août 1698. par lequel Sa Majesté ordonne que les Tresoriers de France de la Rochelle connoîtront des Encombremens permanens dans les ruës, dans les places & les quais de la Rochelle, & de toutes sortes d'Encombremens de quelque nature qu'ils soient dans l'étenduë de la Generalité, Sa Majesté leur enjoint d'observer & de faire executer les

Edits & les Reglemens qui ont été rendus sur cette matiere.

Nous avons suivi en France la disposition du Droit Romain à l'égard de la défense qui a été faite d'encombrer ou embarasser les ruës, selon la Loy, *Prætor ait, ff. loco publico Tit.* VIII. *Prætor ait, ne quid in loco publico facias, inve eum locum immittas quâ ex re quid illi damni detur. . . . Loca enim publica utique privatorum usibus deserviunt jure scilicet civitatis, non quasi propria cujusque, & tantum juris habemus ad obtinendum quantum quilibet ex populo ad prohibendum habet. Secundum interdictum quod est prohibitorum ait Prætor, in via publica, itinereve publico facere, immittere quid quo ea via, idve iter deterius sit, fiat. Et in titulo* 12. *ff. de flumin. ne quid in flum. publico, ait Prætor ne quid in flumine publico ripâve ejus facias quo statio iterve navigio deterior sit, fiat.*

Ces Loix sont fondées sur la liberté du passage des ruës, qu'on ne peut embarasser sans incommo-

der le public, qui est en droit de
reclamer l'autorité des Tresoriers de
France pour faire cesser ce trouble,
& pour remedier aux Encombremens des ruës & des places publiques.

CHAPITRE XI.

Des reparations des Ouvrages dont le fonds est assigné sur les deniers d'Octroy des Villes & Communautés.

LEs deniers d'Octroy sont des deniers que Sa Majesté permet aux Habitans des Villes & des Communautés d'imposer sur eux-mêmes pour fournir aux dépenses publiques. Menage dérive ce mot de *Auctorium* & *auctoriare*, dont on a fait *octriare* octroyer.

La meilleure partie des deniers d'Octroy est destinée au payement des dépenses necessaires à l'entretien & à la refection du Pavé de l'entrée des Villes & de celuy de la Banlieuë, des Ponts, des Palissades, des Barrieres, des Murailles, des Tours, des Ramparts, des Aque-

V. Du Cange Diction. Med. & Inf. Lat.

ducs, & des autres Ouvrages qui ſervent à l'embelliſſement ou bien à l'utilité du Public.

.Les Treſoriers de France ſont en droit d'obliger les Maires, les Echevins & les Officiers des Villes à faire travailler aux réparations des Ouvrages publics, dont il a plû au Roy d'aſſigner les fonds, ſoit ſur les deniers d'Octroy, ſoit ſur les Etats des Domaines & des Finances.

Voyez le chap. des Peages.

Cette Juriſdiction a été attribuée aux Treſoriers de France par l'Ordonnance de Loüis XII. donnée au mois d'Octobre 1508. & par celle du 8. Juillet 1578. qui porte ce qui ſuit.

Fourn. p. 323.

** Nota Que les chevauchées ſe font à l'occaſion de l'impoſition des Tailles.*

Enjoignons trés-expreſſément aux Treſoriers Generaux de France, que faiſant leurs chevauchées * chacun dans leur Département, ils s'enquierent & informent diligemment & exactement ſur peine de s'en prendre à eux, des levées & employ des deniers d'Octroy, viſitent les Ouvrages & réparations auſquels ils ſont employés, dont ils vérifieront les Etats.

La difpofition de cette Ordonnance a été confirmée par celle de Loüis XIII. du mois de Janvier 1626. dont voicy la teneur.

Pour ce que plufieurs de nos « Villes ont & prennent plufieurs de- « niers, à la charge de les convertir « & employer és réparations, nof- « dits Treforiers & chacun d'eux « pourra les contraindre à mettre « lefdites réparations, ainfi qu'ils « font tenus. «

Voyez la Confer. de Guenois.

Il y avoit en Bretagne un Commif-faire-Voyeur Architecte des répara-tions & des fortifications pour dref-fer les devis des Ouvrages ; cet Offi-ce a peri avec feu M. Noblet qui en avoit été pourveu par Lettres Paten-tes de Sa Majefté en 1644.

Les Maires & les Officiers des Vil-les font affujettis plus étroitement à la Jurifdiction des Generaux des Fi-nances à cet égard en certains cas. 1°. Lorfque Sa Majefté contribuë de fes deniers à la dépenfe du Pavé des Villes. 2°. Quand les Seigneurs qui ont droit de lever les Peages fur les Ponts, ou bien dans la Banlieuë des

Le Roy fait fonds de 2000. livres par an à la ville de Nantes à cet égard.

Les Religieux Benedictins de Pilmil ont cedé leursdroits de Peage à Nantes à cette condition.

Villes, ont cedé leurs Droits aux Villes & Communautés, à la charge d'entretenir les Ponts & les Pavés en bon état.

Au premier cas les Treforiers de France ont l'execution des Etats de Sa Majefté où les fonds des réparations font affignés.

Au fecond cas ils agiffent contre les Maires & les Officiers des Villes, avec le même pouvoir qui a été attribué aux Treforiers de France fur les Seigneurs Peagers.

CHAPITRE XII.

De la garantie des Ouvrages publics.

LEs Entrepreneurs des Ouvrages publics font obligés de fournir les materiaux de la qualité exprimée par le devis, & par l'adjudication qui leur a été faite, dont ils doivent remplir les conditions ; ils répondent du vice de leurs Ouvrages, quoyqu'ils ayent pû les ignorer. *Et quod imperitiâ peccavit culpam effe, quippe ut artifex conduxit, l. 9. ff loc.*

Le temps de la garantie des Ouvrages publics a été fixé par le Droit Romain à quinze années ; fi l'on découvroit quelque défaut effentiel dans les Ouvrages pendant cet intervalle, les Entrepreneurs & leurs heritiers étoient tenus de les réparer à leurs frais, à l'exception des cas fortuits, selon la disposition de la Loy huitiéme au code *de operibus publicis*. *Omnes quibus vel cura mandata fuerit operum publicorum, vel pecunia ad extructionem solito more credita usque ad annos quindecim ab opere perfecto cum suis hæredibus teneantur obnoxii, ita ut si quid vitii in ædificatione intrà præstitum tempus pervenerit, ex eorum patrimonio, exceptis tamen his casibus qui sunt fortuiti, reformetur.*

Il n'y a point d'Ordonnance de nos Roys par laquelle on ait abregé le terme de quinze années, qui a été prescrit par cette Loy. Les usages sont differens à cet égard : celuy du Châtelet de Paris est d'assujettir les Massons à la garantie des gros murs pendant dix ans, & pour les moindres Ouvrages pendant trois années seulement.

Les Ouvriers ne sont pas déchargés de cette garantie par la reception de leurs Ouvrages, qui est une simple vérification de l'execution du devis ; elle ne peut éteindre l'action *in factum*, que les Loix & les Coûtumes ont introduite contre les Entrepreneurs, lorſque par le temps on découvre les vices de leur ouvrage.

Par les vices des Ouvrages on entend parler des défauts de conſtruction & de l'employ des mauvais materiaux condamnés par les Statuts & par les Réglemens des Corps de Métiers. Je rapporteray icy quelques exemples dont Monſieur le Preſident Fremin a traité dans la Diſſertation de la garantie.

Un avantbec a été bâti ſans faire « corps avec la pile, un ceintre eſt « ſi ſurbaiſſé qu'il ne bande point, « les piles ſont trop foibles, les pi- « lotis ſont peu enfoncés ; voilà des « vices dans la conſtruction, dont « on doit augurer un prompt deſor- « dre, les pierres ont été employées « toutes vertes ſur l'arriere ſaiſon, ou « elles ſont poſées en délit, le mortier « eſt ſec & ne lie point, les bois ont « été ocupés dans leur ſeve au com- « mencement des Lunes ou ſur leur « retour : Voilà des vices dans les «

Page 143. de l'expoſition des Coûtumes des Chemins.

» materiaux, qui en font conjectu-
» rer la ruine. Ces vices cependant
» ne paroiſſent pas, ou du moins ils
» ne ſont pas ſenſibles lors de la
» reception, ils ne ſe découvrent
» qu'à la ſuite des temps ; il eſt in-
» dubitable qu'en l'un & l'autre
» cas l'Ouvrier eſt tenu des dégra-
» dations.

On a excepté les cas fortuits dans la Loy *omnes*, parce qu'il eſt impoſſible d'en répondre. *Impoſſibilitas enim obligationem vitiat, ac nemo poteſt adversùs caſum fortuitum providere, & caſus fortuiti à nemine præſtantur. L. Contractus. d. reg. jur. Bart. ad. d. l. 1.*

Les cas fortuits ſont des accidens qui arrivent par hazard, auſquels la prudence humaine n'a pû remedier ; ce mot vient du Latin *caſus* de *cado. Caſus fortuitus dicitur is cui per humanum conſilium non poteſt provideri vel reſiſti, niſi difficile, pro quo idcircò nemo tenetur, niſi ſua culpa in eum inciderit. L. pœn. cod. de Uſuf.*

Les cas fortuits procedent des cauſes naturelles, comme ſont les dé-

bordemens des eaux, le tonnerre, les tremblemens de terre; ou bien ils arrivent par la fureur ou par la malice des hommes dans les abattis des guerres, dans les incendies & dans les dégradations des Ouvrages publics.

Lorsque ces cas arrivent les Entrepreneurs sont déchargés de la garentie, pourveu qu'ils ayent achevé leurs Ouvrages dans les délays portés par les Baux & par les Marchés qu'ils ont pris. *Casus fortuitus est diversus à casu improviso, quia improviso casui aliquando provideri potest, & ob negligentiam inibi culpa reprehenditur, & ob culpam damnatio fit, at in casu fortuito nequaquam, ut in l. qui occid l. 30. §°. in hac quoque actione, & l. item mela ff. ad leg. Aquil. Item si culpa præcedens veniat, vel cadat in moram, procul dubio post moram quis tenetur de casu fortuito superveniente. l. quod si cert. pet. in P.*

La preuve des cas fortuits doit être faite devant les Tresoriers de France sur la requisition des Adjudicataires des Baux qui ont été faits par le Bureau des Finances. *Nam qui casum objicit debet illum probare.*

On doit dispenser les Ouvriers d'en faire la preuve, quand les cas fortuits sont à la connoissance ou notorieté publique. *Sunt & casuum probationes quæ fidem recipiunt ex ipsa naturali justitia, ut non egeant juris solemnitate.*

L. testium facill. & ibi glo. l. fin. cod. de testib. l. 4. tit. 20.

In L. scire oportet L. 15. §. sufficit. d excus. tut. L. 17. P. tit. 1.

CHAP.

CHAPITRE XIII.

De la difference entre les fonctions des Tresoriers de France & celles des Officiers de la Police des Villes.

LA Police est une Loy, un Réglement à observer pour la subsistance & pour l'entretien des Etats & des Communautés.

La Police comprend les fonctions de la Voyrie, & celles des Juges de la Police des Villes.

La Jurisdiction de la Voyrie a été exercée par les Juges ordinaires & par les Officiers de la Police des Villes avant l'établissement de l'Office de Grand Voyer de France qui a été créé par l'Edit du 7. Septembre 1599.

Mais depuis que les fonctions de

A a

l'Office de Grand Voyer ont été réunies aux Treforiers de France par les Edits des années 1626. 1627. & 1635. la connoiffance des matieres de la Police de la Voyrie appartient aux Treforiers de France privativement à tous autres Juges, fuivant la difpofition de ces Edits, & de celuy du mois de Decembre 1704. de la Déclaration du 12. May 1705. & des Arrefts du Confeil du 27. Avril & 28. Septembre 1706. qui ont été rendus en faveur des Treforiers de France en Bretagne.

Ils font rapportés au chap. 1. de ce Livre.

Par ces Edits Sa Majefté a dérogé à tous les ufages & toutes les poffeffions contraires, enforte que les Juges de la Police ne peuvent prétendre d'autres fonctions que celles qui font exprimées dans l'Edit du mois d'Octobre 1699. par lequel Sa Majefté a fixé les bornes de leur Jurifdiction.

Il eft neceffaire d'obferver l'ordre des temps pour diftinguer les fonctions des Treforiers de France de celles des Juges de la Police, elles ont été reglées par les Arrefts que

j'ay rapporté dans le Chapitre second de ce Livre. Voicy le disposi-
tif de ceux qui ont le plus d'étenduë.

EXTRAIT

de l'Arrest du Conseil d'Etat
portant Reglement sur le fait
de la Voyrie, entre les Presidens - Tresoriers Generaux
de France au Bureau des
Finances de la Generalité de
Metz, & les Maire ou Maî-
tre Echevin & Echevins de
ladite Ville, du premier Decembre 1693.

LE ROY étant en son Conseil
faisant droit sur le tout, a ordonné & ordonne que les fonctions
des Tresoriers de France au Bureau
des Finances de Metz, & celle de
Maire ou Maître Echevin & Echevins de ladite Ville de Metz, seront reglées entr'eux à l'instar de ce
qui se pratique & observe entre le
Bureau des Finances & le Prevôt

des Marchands & Echevins de la
Ville de Paris, ce faifant que la direction des alignemens, des faillies,
avances & autres Bâtimens appartiendra dans la Ville, Fauxbourgs
& Banlieuë de Metz aufdits Treforiers de France, à l'exception neanmoins des Ponts & autres Ouvrages publics, aufquels ladite Ville
contribuë, dont les alignemens feront donnés par les Officiers dudit
Bureau des Finances conjointement
avec les Officiers de l'Hôtel de Ville, comme auffi lefdits Treforiers
de France auront feuls la direction
de tout le Pavé qui fera fait aux
dépens des particuliers, à l'exception toutefois du Pavé proche les
Egoûts & fous les Portes de ladite
Ville, s'il fe fait aux dépens d'i-
celle; Veut Sa Majefté que la permiffion de pendre des Enfeignes,
l'alignement & le réglement de la
hauteur appartienne aufdits Treforiers de France, à la charge neanmoins qu'ils ne pourront la donner qu'aprés que les Marchands &
Artifans auront obtenu de la Police

la permiſſion d'ouvrir leurs Boutiques : Ordonne Sa Majeſté que le
nettoyement des bouës, des ruës &
places publiques, la permiſſion des
Etaux de Bouchers, les Boutiques
& Bancs portatifs que les Artiſans
mettent devant leurs portes & aux
coins des ruës, appartiendra aux
Officiers de Police, & la direction
des Avances, Saillies & Decombres des Maiſons appartiendra auſdits Preſidens Treſoriers de France.
Fait au Conſeil d'Etat du Roy Sa
Majeſté y étant, tenu à Verſailles le
premier jour de Decembre 1693.
Signé, LE TELLIER.

EXTRAIT

DES REGISTRES

DU CONSEIL

D'ETAT

PRIVÉ DU ROY.

ENTRE les Maire & Echevins de la Ville de la Rochelle Appellants de l'Ordonnance des Sieurs Presidens Tresoriers de France Generaux des Finances, Grands Voyers particuliers de ladite Ville du 12. Decembre 1693. & Opposants à l'Arrest du Conseil d'Etat du 15. May 1696. suivant la commission par eux obtenuë au grand Sceau ce 24. Septembre audit an d'une part, & lesdits Sieurs Tresoriers de France Generaux des Finances, Grands Voyers particuliers en la Generalité de ladite Ville, Intimés & Défendeurs d'autre ; & encore lesdits

Maire & Echevins de la Rochelle Demandeurs en Requête verballe inſerée au Procés verbal du Sieur Jaſſaud lors Commiſſaire à ce député du 4. Juin 1697. d'une part, & leſdits Sieurs Préſidens Treſoriers de France au Bureau des Finances de ladite Ville Défendeurs d'autre, ſans que les qualités des parties puiſſent nuire ni préjudicier.

Veu au Conſeil du Roy, &c.

LE ROY en ſon Conſeil faiſant droit ſur le tout, a ordonné & ordonne que leſdits Treſoriers de France en la Generalité de la Rochelle connoîtront de toutes matieres concernant la grande & petite Voyrie, tant dans la Ville de la Rochelle, que dans toute l'étenduë de ladite Generalité, conformément à l'Edit de Création & Etabliſſement du Bureau des Finances de ladite Ville de la Rochelle du mois d'Avril 1694. Ce faiſant a ordonné & ordonne qu'ils auront la connoiſſance des Saillies, Avances de quelque nature qu'elles ſoient, ſur les

Ruës, Voyes & Places publiques, des encoignures defdites Ruës & Places, des Sieges, Barrieres, Bornes, Pas, Marches, Montoirs à Cheval, même des Jardins & Preaux étant aux fenêtres faifant Saillies, Eviers; de la confection, entretien, réparation & dégradation du Pavé, des Auvents, Ballets & Enfeignes, Serpillieres, Montres, & Bancs des Boutiques & Maifons, Treillis de fer aux fenêtres faifant Saillies, des Encombrements permanens dans les Ruës, Places & Quais de ladite Ville & Fauxbourgs, & de toutes fortes d'Encombrements de quelques nature qu'ils foient, dans le furplus de l'étenduë de ladite Generalité : Enjoint Sa Majefté aufdits Treforiers de France d'obferver & faire executer les Réglemens & Ordonnances fur ladite matiere ; & à l'égard des Maire & Echevins de ladite Ville de la Rochelle, ordonne Sa Majefté qu'ils connoîtront, comme Juges de Police, de tous les faits & cas concernants la Police dans l'étenduë

de

de ladite Ville & Fauxbourgs de la
Rochelle ; en confequence, qu'ils
auront la connoiffance de ce qui
concerne les boües, fumiers & ordures des eaux & immondices qui
pourroient être jettés par les fenêtres, & des Draps & Toilles qui
feroient mifes aux fenêtres des
Foulons & Teinturiers, même des
Encombrements paffagers dans les
Ruës, Places & Quais de ladite
Ville & Fauxbourgs de la Rochelle ;
leur enjoint pareillement Sa Majefté de tenir la main à l'execution
des Ordonnances & Réglements fur
le fait defdites matieres ; ordonne
en outre Sa Majefté que lefdits
Maire & Echevins, comme Juges
de Police, connoîtront des contraventions faites aux Ordonnances
pour raifon des Poids & Mefures,
& connoîtront lefdits Treforiers de
France des conteftations qui pourroient naître pour raifon des Droits
deus à Sa Majefté à caufe defdits
Poids & Mefures : & fur le furplus des
conteftations Sa Majefté a mis &
met les Parties hors de Cour, dé-

B b

pens compensés. Fait au Conseil
d'Etat privé du Roy tenu à Paris
le huitiéme jour d'Aouſt 1698. Collationné, Signé, DESVIEUX.

F I N.

9 782329 316031